RÉSURRECTION

Bimestriel catholique d'actualité et de formation

fondé en 1956 par Mgr Charles

Directeur de la publication : *Pierre Chausse*
Rédacteur en chef : *Pierre-Henri Beugras*
Directeur de la rédaction : *Père Michel Gitton*
Secrétaire de rédaction : *Catherine Bergot*
Membres du comité de rédaction : *Pierre Berteaux, père Henri de l'Éprevier, Gatien Havet, Jean Lédion, Isabelle Rak, Jacques-Hubert Sautel, Ambroise Schalchli, Cécile Thévenin*

Ont contribué à ce numéro : *Pierre-Henri Beugras, Jean Chaunu, Michel Emmanuel, Gatien Havet, Roland Hureaux, Magali Piron, frère Jean-Louis Schneider, Clélie Winisdoerffer*

Composition et maquette : *Soft Office*
Couverture : *Caroline Soulères*
Illustration de couverture : *Thomas Gaudin*

Cum permissu superiorum

DOSSIER : L'ÉGLISE ET L'ÉCOLE DE LA FRANCE

RECENSIONS

ÉDITORIAL

Il y a exactement trente ans, *Résurrection* sortait un numéro[1] sur « L'école catholique au-delà de la laïcité ». Il y était question de la nécessité de refonder l'enseignement catholique par un retour aux sources, avec l'exemple de saint Jean Bosco pour les banlieues, de ne faire de la laïcité ni une peur ni un anesthésiant, de se souvenir de deux cents ans de guerre scolaire, de s'inquiéter plus généralement d'un naufrage du système scolaire, anticipation d'un crépuscule de l'homme.

Aujourd'hui, un établissement catholique, Stanislas, se trouve sous les feux de l'actualité et les coups de ses ennemis. Soyons clairs, les attaques contre cet établissement concernent ultimement son identité catholique clairement assumée et affichée. Il faut donc y voir une violente attaque contre le magistère même de l'Église. Les dénonciations et les attaques en justice des propos des prêtres lors de leurs prédications suivront celles des enseignants en instruction religieuse du collège Stanislas.

Il faut y voir aussi la continuité d'une guerre scolaire vieille de 230 ans sans que l'argumentaire du camp laïc varie d'un *iota*, et d'une rancœur jamais assouvie soixante-cinq ans après la loi Debré du financement public des établissements catholiques. « L'affaire Stanislas » ressemble aussi, de ce fait, à une rediffusion télé, comme *Sissi impératrice* ou plutôt un *Don Camillo*… Elle exprime également les débats qui existent aujourd'hui sur le niveau scolaire mais surtout sur l'identité des établissements catholiques.

Trente ans après, les thématiques sur l'école restent donc d'actualité ! Néanmoins ces années passées ont accentué les effets de contraste ; Stanislas, Saint-Jean-de-Passy, ou les Chartreux à Lyon sont parvenus, avec bien d'autres établissements – y compris hors contrat –, à une identité catholique forte, alors que, dans beaucoup d'autres structures, elle a continué à s'effacer, voire à disparaître. Le contraste est devenu également encore plus fort avec l'enseignement public. La création, depuis presque vingt ans, de deux cents établissements indépendants dits « hors contrat » par an, en dit long sur la

1. N° 50, février-mars 1994.

situation du système scolaire français. Bref, nous aurions pu parodier le livre d'Edward Gibbon sur Rome en intitulant le numéro: *Le déclin et la chute du système scolaire français et de son enseignement catholique*. Ce qui nous intéresse, au-delà de ces débats scolaires, c'est la problématique théologique qui est en jeu. Les problématiques politiques sur cette question nous sont familières: laïcité, niveau scolaire, citoyenneté, place de l'enseignement catholique, etc. Ce qui l'est moins, c'est de tenter de cerner ce qui unifie un enseignement. Pour l'école catholique, nous verrons qu'il ne peut s'agir que de la personne du Christ et de l'économie du Salut. Pour l'école de la République, ce fut le rationalisme et la grandeur de la patrie. Pourtant, il semble bien que les deux écoles aient oublié leurs fondamentaux.

La question théologique en jeu est de savoir si le cœur de la mission enseignante de l'Église est de participer à un service de bien public ou de permettre la rencontre avec le Christ. Bien sûr, les deux perspectives ne s'opposent pas, mais force est de constater que l'une a pris le pas sur l'autre, alors que l'on peut dire que la rencontre avec le Christ étant vitale pour notre salut éternel, négliger ce principe équivaut à une non-assistance à personne en danger. D'un certain point de vue, l'enseignement catholique français a, par le contrat, peut-être sauvé le système scolaire français, mais c'est au prix d'une crise de son identité.

Si des sujets de ce numéro font écho à ceux d'il y a trente ans, ils n'en sont pas la reprise. En premier lieu, nous avons souhaité nous interroger sur l'Église enseignante. Pourquoi cette constance à enseigner, non seulement la foi, mais aussi les disciplines profanes ? Clélie Winisdoerffer tente de répondre à cette question en nous démontrant que la dimension eschatologique de la révélation est le principe unificateur du savoir. Il est donc évident que son effacement partiel ou complet ne peut qu'entraîner une crise identitaire des structures enseignantes de l'Église et désorienter les hommes, et les catholiques en particulier.

Le frère Jean-Louis Schneider nous montre, avec Jean-Baptiste de La Salle, cette unité de foi et d'action qui fait de son œuvre éducative l'invention de l'école moderne. Cependant, si on lui doit la forme scolaire actuelle, il nous donne le principe de réussite de celle-ci par une simple citation: « L'école chrétienne est une école où l'on apprend à vivre en chrétien », suggérant ainsi que la « citoyenneté » n'est qu'une conséquence de ce principe, non une fin.

L'école républicaine a finalement adopté la forme scolaire inventée par Jean-Baptiste de La Salle, et a ainsi atteint une certaine grandeur en gardant précieusement la culture de valeurs morales fondamentales pour le sens du labeur et le sens de la discipline, tout en faisant de l'amour de la patrie le principe unificateur de l'ensemble. Roland Hureaux, par une analyse fine de la laïcité de Jules Ferry, nous montre la richesse de notre héritage républicain et comment une autre révolution, celle de 1968, continue à déconstruire l'héritage des fondateurs catholiques et républicains. Roland Hureaux souligne le caractère totalitaire de cette entreprise de déconstruction : elle chasse familles et institutions qui voudraient lui échapper, ceux qui choisissent les établissements hors contrat, ou l'école à domicile, ou comme une ministre le collège Stanislas pour ses enfants, comme nous l'expliquions au début de cet édito.

Magali Piron reprend la fameuse question de la laïcité pour en souligner les divers aspects et son évolution la plaçant face à des contradictions qui semblent insolubles. Celle-ci, ayant été initialement pensée par opposition au catholicisme, est incapable de comprendre l'islam et se fonde par ailleurs sur des valeurs universalistes contestées par l'idéologie dominante.

Au cœur de ces problématiques, comment se situe l'enseignement catholique contemporain, et qu'est devenue son identité ? Pierre-Henri Beugras s'interroge sur la double conséquence du contrat d'association permis par la loi Debré 1959 et l'effondrement de la pratique chrétienne et des vocations dans la décennie suivante, marquée par la massification de l'enseignement. Une Église de France, un peu trop sûre d'elle-même peut-être, mais surtout passant d'un cléricalisme réactionnaire à une vision progressiste, déploie par ses clercs et laïcs l'énergie du désespoir pour maintenir une institution attaquée de toutes parts et enlisée dans la jungle administrative. Cependant, les ressources de l'Église lui permettent toujours un retour aux fondamentaux bibliques et théologiques, replaçant le Christ sauveur à sa juste place pour aller de l'avant dans sa mission enseignante.

Dans une perspective identique, Gatien Havet nous montre la situation complexe d'un enseignant chrétien aujourd'hui. Souvent isolé, il doit trouver et s'appuyer sur une communauté telle que la définit le Christ lui-même : « Vous reconnaîtrez mes disciples à l'amour qu'ils se portent. » Bien sûr, il insiste aussi sur la formation, revenant ainsi au principe unificateur du savoir sans lequel rien n'est possible.

Michel Emmanuel nous fait découvrir la charte de la Maîtrise de Montmartre conçue par Mgr Maxime Charles et le père Christian de Chergé en 1967. Ce document est un témoignage historique des problématiques présentées dans ce numéro : il faut le lire au regard de ces dernières.

Enfin, Jean Chaunu analyse sur le fond l'entreprise de déconstruction symbolisée par Mai 68. Il la résume par la formule « déconstruction conservatrice » nous conduisant, non à un âge d'or, mais à un âge archaïque. Tel est sans doute le paradoxe terminal du progressisme. Gardons bien à l'esprit qu'il y a des choses qui durent et d'autres qui font semblant de durer.

Étant donné qu'une société sans école, comme le souhaitait Ivan Illich[1], n'est pas près d'advenir, il y aura sûrement d'autres numéros sur ce sujet. En attendant, puissions-nous trouver dans ces lignes l'inspiration des fondateurs de congrégations enseignantes et d'écoles pour la gloire de Dieu et le salut du monde.

RÉSURRECTION

1. Ivan Illich, *Une société sans école*, Seuil, Paris, 1971.

POURQUOI L'ÉGLISE ENSEIGNE-T-ELLE, ET VA-T-ELLE CONTINUER À LE FAIRE ?

CLÉLIE WINISDOERFFER

La réponse à la question : « Pourquoi l'Église enseigne-t-elle ? » révèle la nature profonde du christianisme. D'un point de vue « ethnologique », il y a différentes manières d'appartenir à une religion. La plus simple est la naissance. Pendant des générations, les êtres humains sont nés dans des sociétés dont la structuration profonde était religieuse. Dans ce cas, on naît dans la religion à laquelle on appartient, comme vous appartenez à la société qui vous a vu naître. L'Inde en est le meilleur exemple à l'âge contemporain, mais, par certains aspects, il en est de même pour l'islam si vous naissez en Arabie saoudite ou au Pakistan.

À l'opposé, il y a les cas où la religion est un choix personnel, mais instaure un nouveau mode de sociabilité passant par des rites initiatiques qui mettent à part le néophyte. Le phénomène des sectes, loin d'être récent, se manifeste entre autres par cette mise à part et une forme de repliement que l'on caractérise justement par le mot « secte ».

Si le phénomène religieux est universel, aucun de ces deux types de religion en particulier ne prétend l'être. Du fait du caractère social que revêtent la plupart des religions apparues dans l'histoire, elles ne peuvent prétendre à l'universel car elles sont séparées par leurs origines culturelles. De ce fait, l'écrasante majorité des sociétés humaines a une base culturelle qui est religieuse (même si elles refusent de l'admettre).

Cependant le christianisme offre une originalité fondamentale. Il se transmet de bouche à oreille, ou, dit autrement : on doit prendre le temps (long) de l'enseigner et ce, d'autant plus qu'il a une histoire. Sans la connaissance de cette histoire, point de foi possible. De plus, pour s'ancrer, le contenu de cette foi a besoin d'être reçu par l'intelligence. C'est ce qu'on appelle le dogme, qui n'est jamais épuisé par ce qu'on dit de lui (sinon il serait une réalité strictement rationnelle et ne serait pas un objet de foi). Nous voyons donc ici que l'Église ne peut qu'enseigner. Sinon, l'équation est simple : plus d'enseignement de l'Église, plus de chrétiens.

Si l'enseignement du contenu de la foi et de l'Écriture, son support, s'impose de toute évidence, la question demeure concernant les disciplines profanes que l'Église s'est évertuée à enseigner à toutes les époques. Ne l'a-t-elle fait que par l'absence de service public d'enseignement ou est-ce aussi pour une raison constitutive de sa mission confiée par le Christ ?

L'Église enseigne par tous les moyens à sa disposition

Nous le savons, de tout temps l'Église a enseigné par des livres, des discours (prédications), des images (vitraux), par d'autres moyens comme le théâtre (avec saint François de Sales, par exemple). D'où vient donc cette frénésie enseignante ?

Elle vient du Christ lui-même qui fut auprès de ses disciples et des foules un enseignant. Cette qualité d'enseignant est marquée par une dénomination qui lui est attribuée : « Rabbi » ce qui signifie « Maître ». Le Christ maître de sagesse enseigne et va demander aux apôtres et aux disciples de faire de même : « Allez, enseignez les nations ! » Cette injonction est fondatrice de la mission de l'Église. L'Église, dans sa fidélité au Christ, enseigne dans le prolongement de ce dernier.

S'il semble évident que l'Église enseigne l'Évangile et transmet la foi, il est légitime de s'interroger sur les moyens et la pédagogie qu'elle se donne pour y parvenir. Le premier moyen est la prédication. Apôtres, disciples, ministres de la Nouvelle Alliance vont s'adonner à la prédication. Sans la prédication de saint Paul, serions-nous chrétiens ? Probablement pas. La prédication est l'écho d'une autre mise en garde : « Je vous le dis, si ceux-ci se taisent, les pierres crieront » (Lc 19, 40). Le contenu fondamental de toutes les prédications est l'histoire du Christ, celle qui nous conduit à lui et celle que nous devons avoir avec lui. En effet, l'aspect le plus fondamental de la foi chrétienne est la rencontre et la connaissance du Christ. Au-delà de la prédication, l'Église va donc utiliser d'autres moyens de communication : l'écrit avec les textes de l'Évangile et de l'ensemble de la Bible, les images (icônes, vitraux, etc.) et, bien sûr, la liturgie. Ces éléments fondamentaux et initiaux vont être à la base de l'enseignement de l'Église. S'y agrégeront les mystères sur les parvis des cathédrales et le théâtre sacré. Les pèlerinages eux-mêmes participeront à ce grand mouvement d'enseignement. Au-delà, les missionnaires, les évangélisateurs développent une imagination sans borne pour trouver les bons supports de communication répondant ainsi aux besoins de leurs interlocuteurs.

Résumons : la foi part de la bouche, de la plume, de l'image. Ces éléments se synthétiseront dans la liturgie. La foi entre par les oreilles (Rm 10, 17) et les yeux, et elle est appréhendée *in fine* par notre intelligence.

Cette place de l'intelligence est essentielle. L'intégration dans une religion se fait généralement, nous l'avons déjà vu, par la naissance ou un rite d'intégration. Pour les chrétiens, il s'agit d'un cheminement où ils vont apprendre à connaître le Christ et être configurés à lui progressivement par les sacrements. Le chrétien apprend donc tout au long de sa vie, et cela continuera au-delà des portes de la mort où il aura « l'éternité devant lui » pour s'adonner à la connaissance de Dieu le Père par le Christ, grâce au Saint-Esprit. C'est un élément essentiel car il permet de saisir l'importance de notre vie terrestre quant à la connaissance des choses de Dieu. Nous pourrions nous dire, dans une démarche un peu platonicienne, qu'au-delà des portes de la mort, nous connaîtrons tout immédiatement et que nos efforts terrestres dans ce domaine sont donc vains. Tel n'est pas le cas pour les chrétiens. La connaissance passe par ce que nous sommes : corps et esprit. Le chrétien a foi en la résurrection, c'est-à-dire à un mode d'existence qui n'est pas exclusivement spirituel et supposera donc une forme de progression s'appuyant sur ce que nous aurons fait ici-bas. De ce fait, l'Église a intégré la nécessité de la formation tout au long de la vie. C'est ici une raison *a priori* de la vocation enseignante de l'Église.

En conséquence, l'Église veut que nous prenions soin de notre intelligence et que nous la cultivions, car elle sait que la foi doit être éclairée par l'intelligence. Dès les origines, l'Église a voulu lier la foi à l'intelligence, non les opposer, et ce, en maintenant que notre intelligence doit accepter plus grand qu'elle, ce qui correspond à la vocation même de l'intelligence – qui est de s'incliner devant le réel. De ce fait, toutes les conditions étaient réunies pour que l'Église s'intéresse et s'attache à ce qui développe et nourrit l'intelligence. Ainsi, il était naturel qu'elle crée des écoles et qu'elle suscite des systèmes scolaires.

L'Église, puissance enseignante par ses écoles

L'Église n'a pas immédiatement fondé des structures enseignantes et éducatives. Dans un premier temps, elle a laissé le terrain à l'enseignement gréco-latin en place à l'époque. Il faut attendre le règne de Charlemagne pour qu'émergent les prémices d'un enseignement catholique, d'où la légende qui veut faire de cet empereur l'« inventeur de l'école ». L'Église bien sûr formait ses clercs, mais elle ne jugeait pas indispensable de créer des écoles spécialisées. Pour la formation du peuple chrétien, elle comptait sur la liturgie. Au demeurant, comme pour les anciens romains, les chrétiens considéraient que la famille était généralement le premier lieu de l'éducation et de l'enseignement.

Cependant, nous l'avons vu, le christianisme, reposant sur la parole et l'interprétation des textes, ne pouvait que s'exprimer et se répandre par l'enseignement. Il deviendra donc nécessaire pour l'Église d'enseigner, de manière concomitante au contenu de la foi, la lecture et l'écriture, la grammaire et la musique et, pour sa défense, la rhétorique.

En effet le christianisme porte aussi une représentation du monde dans tous ses aspects : cosmologique, historique, éthique et politique. Surtout le dogme de l'Incarnation place l'homme au centre de cette représentation du monde. La phrase « Dieu s'est fait homme pour que l'homme se fasse Dieu », attribuée à saint Irénée de Lyon, reprise par saint Athanase et bien d'autres Pères de l'Église, peut être conçue comme le fondement d'une anthropologie, mais surtout comme une invitation à connaître le mystère de l'homme au sens religieux. S'intéresser à l'homme conduit naturellement à lui enseigner ce qui peut le faire devenir lui-même. Le christianisme est donc une religion qui instruit dans tous les domaines, même ceux que l'on pourrait considérer comme profanes. C'est le sens du programme d'enseignement établi par saint Augustin en 426 dans le *De doctrina christiana*. Ainsi se développa un enseignement épiscopal, presbytéral et monastique se substituant progressivement à l'école antique, jusqu'aux réformes carolingiennes alliant pouvoir politique et culturel et trois formes d'enseignement : celui des clercs, celui des moines, et enfin celui des laïcs.

Le pouvoir carolingien a confié le soin d'enseigner à l'Église en un temps où la transmission des connaissances était mise en péril par la suite des grandes invasions. Mais, de façon plus générale, on voit que tout système politique stable doit pouvoir se fonder sur une culture dominante structurant la société. Il est demandé aux écoles de transmettre à la nouvelle génération ce qui est tenu pour acquis par la génération précédente. Il en est ainsi pour l'Église dans une société majoritairement chrétienne. Ce sera le cas plus tard pour la République dans la société issue de 1789.

Il est important pour l'Église de transmettre ce qui est nécessaire aux hommes pour que leur vie sociale soit la plus proche de ce qui fera d'eux les meilleurs sujets ou citoyens possibles, manifestant ainsi la vérité d'un monde meilleur possible, pleinement manifesté dans la cité céleste. L'école de la République imitera en cela l'école de l'Église pour permettre le progrès social en agissant à la racine du « contrat social », pour prendre une expression de Rousseau. Les théories des idéologues français diffusées entre 1789 et 1848, de Condorcet à Maine de Biran, prendront explicitement comme modèle paradigmatique la manière dont l'Église, par son enseignement, a fait naître des chrétientés au milieu du paganisme. Ils considèreront qu'il est impossible de substituer un nouveau régime vieux de quelques années seulement à un « ancien » régime fondé sur une conception du monde ayant pénétré la société par l'enseignement de l'Église depuis plusieurs siècles, sans se doter d'un système scolaire pénétrant la société de la nouvelle conception du monde.

Si le paysage scolaire est dominé depuis Charlemagne par l'Église, il n'est en rien monolithique. La notion de « programme » n'existe pas réellement et les maîtres peuvent faire preuve d'une grande originalité dans le contenu de leur enseignement comme dans leur pédagogie. Ainsi, saint Anselme au XIe siècle appliqua la logique à la théologie dogmatique. À l'inverse, l'enseignement et la pédagogie pouvaient être aussi de médiocre qualité ou pire encore. Cependant n'en est-il pas de même aujourd'hui malgré les programmes, les inspecteurs et le ministère ?

Même si le terme « système scolaire » est alors largement inadéquat, les prémices de celui-ci émergent néanmoins. Ces prémices se déploient sur la base du *trivium* correspondant à la grammaire, la rhétorique et la dialectique. Mais c'est surtout la scolastique initiée par saint Anselme et parachevée par saint Thomas d'Aquin qui établit une confrontation entre la représentation chrétienne du monde et celle d'Aristote. Cette dualité porte les germes d'une autonomie de la raison qui conduira à l'émergence et au développement des disciplines profanes.

Les disciplines « profanes » vont se constituer comme les savoirs ne dépendant pas de la Révélation mais de l'appréhension par les simples facultés de l'entendement. Même si durant longtemps ces dernières sont subordonnées à ce que dit la Révélation, l'Église elle-même par ses savants établira progressivement une distinction épistémologique qui conduira à faire émerger des clercs théologiens mais parallèlement instruits dans les domaines profanes, et capables d'en faire l'objet d'un enseignement qui ouvrira à terme la problématique Foi/Raison.

Durant tout le Moyen Âge se développent des écoles où les enfants entrent vers 8 ans, tenues par les curés dans les campagnes et les clercs dans les villes. Un maillage scolaire prend ainsi forme sur le territoire français, de manière certes inégale. Ainsi, même si l'éducation et l'enseignement familial restent importants, l'Église s'est dotée d'établissements scolaires qui lui permettront d'éradiquer le paganisme dont certains aspects continuaient à être transmis par le milieu familial. Le monde chrétien français s'avança ainsi vers l'aube des temps modernes, accompagné par l'Église dont le monopole d'enseignement est alors quasiment absolu.

Le temps des tempêtes : l'Église persévère et persiste dans son œuvre d'enseignement

Il est impossible dans le cadre d'un simple article de retracer l'histoire de l'enseignement catholique en France. C'est donc à partir de trois « tempêtes » que va rencontrer l'Église, et donc ses écoles, que nous tâcherons de répondre à notre question initiale.

Les deux premières tempêtes sont celles de l'humanisme païen de la Renaissance et de la Réforme protestante. Par elles, le monopole doctrinal de l'Église catholique se trouve contesté. L'humanisme ouvre des domaines d'enseignements profanes qui vont échapper à l'autorité de l'Église et, de façon plus lourde de conséquences encore, cette autorité va être contestée dans l'interprétation même de la Parole de Dieu par le libre examen du texte biblique prônée par la Réforme. La Parole de Dieu n'est plus reçue de l'Église dans l'interprétation qu'elle en a donné depuis toujours. Tout un chacun peut accéder à l'Écriture, sans autre intermédiaire que ses yeux et ses oreilles. L'intégralité de l'autorité est dans le texte lui-même, sans la médiation de ce que porte la tradition de l'Église à son sujet.

Durant cette période se développent des institutions scolaires, protestantes et catholiques, avec notamment les collèges jésuites qui seront pour ces derniers l'outil de combat qu'ils choisiront pour détourner les élites du protestantisme. C'est donc encore un motif religieux et théologique qui inspire les bases du système scolaire, spécialement de l'enseignement « secondaire » tel qu'on le connaît aujourd'hui. Les collèges étaient composés d'un cycle de trois ou quatre classes de grammaire, deux classes d'humanités et de rhétorique et deux classes de philosophie. On voit bien ici se profiler les sept années formant l'actuel cycle secondaire. Le jeune homme passe donc un temps très long pour l'époque dans un système scolaire lui inculquant les savoirs fondamentaux de son temps : la vraie foi et les principes d'ordre, de valeur du travail et d'obéissance, indispensables à la stabilité de la vie sociale. Trois buts se dessinent dans cette entreprise : la formation de l'intelligence, l'adhésion à la foi catholique et enfin un véritable but politique de transmission et de perpétuation de l'ordre social en place. Nous dirions aujourd'hui que c'est la « citoyenneté ».

Si la Révolution et la République vont faire de la citoyenneté un absolu, elle fut toujours présente à sa place dans l'enseignement de l'Église. Sans doute, pour cette dernière, la réalisation de l'homme va au-delà de sa vie terrestre, mais ce n'est jamais au prix d'un refus de tout ordre social. Ainsi les révolutionnaires de 1793, et plus tard les marxistes, se contenteront-ils, dans leur enseignement, de borner l'horizon à l'ici-bas. C'est là une définition possible de la laïcité française. Celle-ci n'est pas une prudente neutralité religieuse, mais un refus de l'horizon transmis par l'enseignement de l'Église. Le ciel de Dieu n'englobe plus le monde laissé seul à lui-même.

Cependant des hommes d'Église, et non des moindres, voient dans la diffusion de l'instruction un danger pour la foi catholique. Une phrase du cardinal de Richelieu le résume : « Si les lettres étaient profanées [propagées] à toute sorte d'esprits, on verrait plus de gens capables de former des doutes que de les résoudre, et beaucoup seraient plus propres à s'opposer aux vérités qu'à les défendre[1]. »

Cette citation manifeste deux conséquences majeures :
- L'enseignement émancipe l'esprit et conduit la personne à se questionner.
- Cette émancipation est dangereuse pour l'acceptation du dogme catholique et l'ordre établi.

Mais ce n'est pas cette ligne qui l'emportera.

Une nouvelle dimension des écoles de l'Église catholique va prendre son essor au XVIIe siècle avec l'École française de spiritualité[2] et particulièrement avec Vincent de Paul, les Oratoriens et surtout Jean-Baptiste de La Salle. Cette nouvelle

1. François LEBRUN, *Histoire de l'enseignement et de l'éducation. II. 1480-1789*, Perrin, Paris, 2003, p. 394.
2. L'École française de spiritualité est une notion forgée par Mgr Maurice d'Hulst, premier recteur de l'Institut catholique de Paris (1841-1896) et par l'abbé Bremond (1865-1933) pour désigner le courant spirituel issu des grandes figures du renouveau catholique au XVIIe siècle : Pierre de Bérulle, Vincent de Paul, Jean-Jacques Olier, Jean-Baptiste de La Salle, etc.

dimension est sociale. Saint Vincent de Paul va ainsi œuvrer au développement d'un enseignement de masse. Deux convictions en la matière l'habitaient :

- jamais on ne pourra lutter efficacement contre la misère sans l'instruction, y compris des filles : le petit paysan des Landes en sait quelque chose…
- Le renouveau catholique suppose des prêtres instruits dès l'enfance.

Que ce soit avec saint Jean Eudes ou avec les Oratoriens, tous sont convaincus de la nécessité d'une instruction de masse pour le renouveau catholique. Jean-Baptiste de La Salle (1651-1719) va compléter cette dynamique en rendant possible un enseignement gratuit de masse à dimension sociale. L'Église, notamment grâce à lui, va ainsi donner à la France sa forme scolaire, avant même la Révolution. Cette forme « lasallienne » va trouver son expression laïque dans l'école de la IIIe République.

Face aux protestants qui ont besoin d'instruire le peuple pour lui donner largement accès à la lecture de la Bible, ces fondateurs pensent qu'il faut aller sur le même terrain pour créer un renouveau catholique symbolisé par l'École française de spiritualité. Saint François de Sales en fut un des instigateurs, s'attelant, à partir du texte biblique, à fonder la foi catholique. Les collèges oratoriens à la suite de Bérulle iront dans le même sens. Surtout, face au développement de la Réforme qui inquiète le pouvoir en place, l'École catholique obtiendra un puissant soutien financier des institutions politiques, comme une anticipation de ce qui deviendra, plusieurs siècles plus tard, le fameux « contrat d'association ». Du point de vue catholique, ce soutien financier royal vise en l'occurrence à préserver le bien public de l'hérésie.

Le souci du bien public va se révéler une constante de l'enseignement catholique. Cette attention particulière conduira à accepter dans ses écoles, et ce très tôt, des élèves non catholiques. Si on veut considérer qu'il s'agit d'une perspective prosélyte, il y a aussi et parfois surtout la nécessité de répondre aux besoins des hommes, dont celui de la paix civile et de l'ordre moral.

Ce sont surtout les Jésuites qui vont diffuser un type d'enseignement qui sera imité par d'autres ordres religieux et par des initiatives privées. Leurs établissements vont se répandre sur tout le territoire français et ils vont former le premier corps enseignant français dispensant un enseignement catholique moderne. Ils vont être aussi les promoteurs d'une pédagogie fondée sur la confiance en l'homme et sur une large place donnée à l'expérimentation personnelle, conduisant à une imprégnation de l'humanisme dans la société.

Paradoxalement, ce sont ces collèges qui vont permettre l'éclosion des Lumières et la contestation radicale de l'autorité de l'Église. La pédagogie jésuite a donc en elle un aspect qu'on pourrait qualifier de subversif. De plus, en raison de leur direction romaine et de leur lien intrinsèque au pape, ils ne sauraient se soumettre sans réserve à un ordre établi dans un cadre seulement national. Là se situent les éléments d'un conflit avec la monarchie française qui amènera à leur expulsion en 1763.

« L'affaire des Jésuites » manifeste en retour ce qu'il convient d'appeler le gallicanisme, c'est-à-dire une organisation nationale de l'Église de France à distance de Rome. Par-là l'Église de France se solidarise de plus en plus avec le pouvoir monarchique et fait de son système scolaire un service public, ce qui l'exposera d'autant plus à sa mise au pas au moment de la Révolution.

Cette crise préfigure peut-être les conflits qui vont surgir entre les congrégations enseignantes et l'État français, ce dernier pouvant considérer que l'Église ne saurait être vraiment loyale envers la nation et la République parce qu'elle reçoit ses ordres de Rome. Déjà la Constitution civile du clergé durant la Révolution en sera l'expression la plus violente. C'est ainsi que se déchaîne la troisième « tempête » après l'humanisme et la Réforme.

Il est donc possible d'affirmer que la forme scolaire de l'école de la République, de Jules Ferry en particulier, procède d'une simple sécularisation du système lasallien. Reste à savoir à quel point cette sécularisation a dénaturé les intuitions de Jean-Baptiste de La Salle et de l'enseignement catholique. Mais n'est-il pas possible de dire que la tempête révolutionnaire a engendré un système scolaire qui est en même temps l'héritier de l'enseignement catholique ? La guerre scolaire aurait ainsi un parfum qu'on qualifierait d'œdipien : pour exister vraiment, l'école de la République ne devait-elle pas tuer celui qui l'avait engendrée ?

Mais ce n'est pas ce qui est arrivé. Cette filiation conflictuelle, au moment où il a paru impossible d'éradiquer l'Église et son enseignement, a fini par déboucher sur une association entre l'État et la République, pour terminer un conflit sans issue.

Mais, dans son acceptation du contrat d'association (loi Debré 1959), l'Église va persévérer dans une triple perspective : continuer à enseigner qui est Jésus-Christ et permettre de le rencontrer, améliorer par-là la condition des hommes en manifestant les effets concrets de la Résurrection, et contribuer à un ordre politique plus juste et plus moral créant les prémices du monde nouveau de la Jérusalem céleste.

Trois buts, une seule mission enseignante

Nous venons donc de voir comment, de manière progressive mais néanmoins constante, l'Église a enseigné et enseigne les nations. Par la nature même de l'Église enseignante, se dessine ce qu'est l'Évangélisation. Cette dernière est bien sûr l'annonce de Jésus-Christ, mais sans exclure la dimension sociale et politique qui manifeste l'efficience de l'Évangile. Jésus-Christ transforme l'homme et le monde. De ce fait, l'Église ne peut que répondre aux besoins de l'homme de comprendre et maîtriser l'univers qui l'entoure, et aider les plus démunis pour les faire accéder à une vie plus humaine conforme à leur statut d'enfants de Dieu. Il n'y a donc, *in fine*, qu'une seule mission dont les fruits sont appelés à se déployer partout. C'est la raison pour laquelle un nombre considérable de religieux ne se sont pas contentés de la théologie mais sont devenus des mathématiciens, des physiciens, des historiens, et plus généralement des lettrés et des scientifiques. Forts de ces savoirs, ils ont progressé grâce à la vision théologique qui était la leur et ont pu transmettre la connaissance des merveilles de la Création et de l'esprit humain. Par-là, ils ont amélioré la condition humaine et souvent permis l'émergence d'une société plus juste et plus pacifique, tout en sachant transmettre la foi et l'espérance dans le retour du Christ qui achèvera ce qui n'est encore qu'en gestation dans le monde. Une part de cette mission évangélisatrice est donc, à côté de l'annonce, une infusion du christianisme dans le monde pour le transformer dans tous ses aspects. Il est donc essentiel de ne pas faire un choix parmi les trois buts énoncés mais de les faire exister dans un modèle ternaire.

Cependant, si cette infusion du christianisme est fondamentale, il faut en comprendre son cœur faute de quoi elle ne produira qu'un vague « parfum de christianisme » qui s'évanouira bientôt. L'importance quantitative des disciplines profanes qui semblent s'étendre indéfiniment, accentue le danger. L'humanisme, fût-il intégral, selon l'expression de Jacques Maritain, peut paradoxalement éloigner de la mission centrale qu'est la rencontre du Christ. Ainsi l'école catholique a créé son propre piège en s'écartant de son centre de gravité. Progressivement, la dimension eschatologique de sa mission enseignante s'est atténuée jusqu'à souvent disparaitre. De ce fait l'école catholique a participé à son corps défendant à l'effondrement du christianisme, si bien décrit par Guillaume Cuchet.

La seule voie de la mission enseignante de l'Église est donc christocentrique. De plus il ne peut y avoir un enseignement catholique sans enseignement en son sein de la théologie. Cette dernière ne saurait être « rangée » à l'université et dans les séminaires. Son absence actuelle au sein des écoles, collèges et lycées est un phénomène gravement nuisible et manifestement négligé par l'Église elle-même. Les cours de culture religieuse sont souvent des cache-misères et ne sortent par ailleurs jamais de la marginalité face aux disciplines profanes.

L'Église est donc devant un défi si elle veut continuer sa mission enseignante : replacer le Christ et la théologie comme centre de gravité de l'enseignement, faute de quoi les discours sur une « anthropologie chrétienne » (dont l'existence est à discuter) seront des imprécations sans influence. À trop vouloir infuser, on ne fait que diluer.

Ainsi, quelles que soient les vicissitudes de l'enseignement catholique en France et au sein de son école, nous savons que l'Église ne renoncera jamais à sa mission reçue du Christ communiquée par les sacrements, ces derniers se définissant comme un signe réel et efficace de l'intervention de la Sainte Trinité en nous. En effet, ce qu'enseigne l'Église n'est pas un message pour une autre vie que la nôtre, se réduisant à une simple immortalité de l'âme, mais, par la Résurrection, la récapitulation glorieuse de notre vie d'ici-bas. Ainsi, ce que nous apprenons, pensons et faisons dans notre vie telle qu'elle est, construit maintenant notre vie éternelle en Dieu. L'Église enseignante permet l'édification de l'humanité en nous dans son intégralité comme signifiée par l'incarnation du Fils en Jésus-Christ. Le Christ a accepté d'être enseigné et il enseigne aux hommes leur propre humanité par son Église et les structures scolaires et éducatives qu'elle se donne.

Cet enseignement constitutif de la révélation de la Sainte Trinité dans l'Église ouvre l'horizon du savoir. Sans lui, l'homme erre au milieu d'un amoncellement de connaissances formant un labyrinthe où il se perdra.

Seule la dimension eschatologique du message chrétien qui part de la personne du Christ et aspire à son retour dans la gloire est capable d'unifier la connaissance dans un tout cohérent et efficient.

C.W.

■ ***Clélie Winisdoerffer*** Mariée, mère de quatre enfants. Spécialiste de pastorale scolaire diocésaine et congréganiste.

SAINT JEAN-BAPTISTE DE LA SALLE ET L'INVENTION DE L'ÉCOLE MODERNE

FRÈRE JEAN-LOUIS SCHNEIDER

Vous devez joindre, dans votre emploi, le zèle du bien de l'Église avec celui de l'État, dont vos disciples commencent d'être et doivent être un jour parfaitement membres.
Vous procurerez le bien de l'Église en les faisant de véritables chrétiens et en les rendant dociles aux vérités de foi et aux maximes du saint Évangile.
Vous procurerez le bien de l'État, en leur apprenant à lire et à écrire et tout ce qui est de votre ministère, eu égard à l'extérieur. Mais il faut joindre la piété avec l'extérieur, sans quoi votre travail serait peu utile.

Saint Jean-Baptiste DE LA SALLE, *Méditations*

Jean-Baptiste de La Salle naît en 1651, dans une famille de notables de Reims. Il meurt en 1719 à Rouen (pensionnat de Saint-Yon). À partir de 1679-1680, à Reims, il commence à s'occuper de questions scolaires et de maîtres d'école, sans penser, au début, que cela le conduirait à fonder l'Institut des Frères des écoles chrétiennes. Pendant quarante années environ, il va accompagner cette naissance, jusqu'à la mise en place en 1717 d'un frère comme supérieur général. Lorsqu'il meurt, le 7 avril 1719, l'Institut des frères compte alors environ 120 membres et une vingtaine de communautés. À la veille de la Révolution,

800 frères enseignent environ 40 000 garçons (en France, en Italie, en Suisse); ils tiennent aussi une dizaine de « pensionnats », des établissements de type secondaire, sans latin.

De l'École de charité à l'École chrétienne

Jean-Baptiste de La Salle prend comme point de départ de son action l'École de charité paroissiale élémentaire, gratuite, au service exclusif des pauvres reconnus ou inscrits dans le Registre des pauvres de la paroisse; mais il en transforme le recrutement en en faisant une école gratuite, ouverte à tous et non plus réservée aux seuls pauvres. Il transforme aussi le cadre : enseignement simultané, programme des études et méthodes, efficacité plus grande. Il fait se rencontrer les besoins des jeunes et les réponses que les Frères peuvent leur donner, par leur méthode, leur organisation, la formation humaine et intellectuelle, les apprentissages, la formation chrétienne et sociale. Il vise à une éducation intégrale de qualité, ce qui rend son école attractive aux artisans, et plus généralement aux classes populaires des villes.

L'école élémentaire de l'époque cherche à donner aux enfants la maîtrise des apprentissages de base : lecture, éventuellement écriture (pas toujours), très rarement « la perfection de l'écriture », comme le feront les écoles de Jean-Baptiste de La Salle, plus rarement encore, l'arithmétique et l'orthographe. Ce qui est commun à toutes ces écoles (petites écoles, écoles de charité, écoles de village) : la lecture et le catéchisme. Ce dernier est conçu comme étant l'apprentissage de la vie dans la société du temps, avec une connaissance éclairée (et formalisée) des points principaux de la doctrine catholique.

L'école de Jean-Baptiste de La Salle regroupe quelque 200 à 300 garçons. Si l'on considère les habitudes de la pastorale des sacrements de l'époque, au cours de leur première année de scolarité, les enfants reçoivent la confirmation (vers 8-9 ans), et ils terminent avec la première communion (vers 12-13 ans). Le public de « l'École chrétienne » est donc proche de la tranche d'âge de nos écoles primaires d'aujourd'hui, et de nos classes de 6ᵉ-5ᵉ.

Dans la démarche éducative, et particulièrement aux XVIIᵉ et XVIIIᵉ siècles, alors que la scolarisation généralisée reste un combat qui est loin d'être gagné, tant du côté des pauvres que dans les motivations des élites, il existe une tension entre les aspirations des familles qui, finalement, tendent à désirer plus d'éducation pour leurs enfants, et les urgences économiques d'une survie élémentaire du groupe familial. On rencontre encore une autre tension : la demande sociale vient « d'en bas », de la société, des milieux qui ressentent le besoin de l'appropriation de l'écrit, milieux qui s'élargissent tout au long de cette période. L'offre éducative, elle (techniques et valeurs véhiculées), vient d'en haut, des cadres politiques, religieux, sociaux, culturels.

La *Conduite des écoles chrétiennes* de Jean-Baptiste de La Salle

La *Conduite des écoles chrétiennes* est l'œuvre magistrale qui donne son visage « professionnel » à l'École chrétienne. Elle est signée par Jean-Baptiste de La Salle mais sa préface indique clairement qu'elle est le résultat de la mise en commun de l'expérience éducative des « frères anciens », ceux qui sont impliqués dans la pratique quotidienne de l'éducation et des apprentissages scolaires. La *Conduite des écoles chrétiennes* concerne ce que nous appelons aujourd'hui « l'enseignement primaire ou élémentaire ».

Ce texte regroupe, systématise et fait vivre dans la durée des innovations pédagogiques qui émergent dans la seconde moitié du XVIIe siècle : apprentissage de la lecture en français (et non plus en latin), regroupement des élèves par classe, avec un enseignement simultané et un suivi individualisé des écoliers, formation des enseignants, système des « officiers », etc. En fait, Jean-Baptiste de La Salle fait entrer dans le système de l'enseignement élémentaire, ce qui était vécu dans le secondaire, autour d'un maître (ou d'une maîtresse) unique. Ce qui va assurer la pérennité de cette démarche éducative lasallienne, ce sont la formation professionnelle des enseignants et le soutien d'une communauté d'hommes, laquelle traverse le temps et les événements, tout en conservant, au cœur de son identité, le projet éducatif qui l'a constituée.

L'École chrétienne doit être une école de qualité, ouverte à tous. Délibérément, monsieur de La Salle appelle ses écoles des « écoles chrétiennes », alors que toutes les écoles de son temps sont forcément « chrétiennes ». En fait, il se démarque ainsi, tout en l'intégrant à son projet, du modèle des « écoles de charité », qui étaient gratuites et réservées aux pauvres. L'école chrétienne de Jean-Baptiste de La Salle est aussi gratuite, mais elle est ouverte à tous. Il signifie ainsi l'universalité de son projet.

Cette école chrétienne est conçue pour être utile aux jeunes et aux familles, intéressante, car on évite d'y perdre son temps dans des apprentissages inutiles aux classes populaires, comme celui du latin, ou d'être excessivement brutal dans ses punitions ; les enfants se dégoûtant d'aller à une école où l'on apprend mal et où l'on frappe. Une école de qualité, où l'on enseigne au meilleur niveau et de façon durable : la lecture, jusqu'à la lecture de manuscrits, la perfection de l'écriture, la maîtrise de l'orthographe et des règles de calcul.

L'École chrétienne met en œuvre une pédagogie du succès. Aujourd'hui, on dirait peut-être que l'École chrétienne est une école sans échec. Tout est organisé pour que la progression de l'écolier soit régulière et sanctionnée par des évaluations objectives qui, tous les mois, reconnaissent le niveau atteint. La *Conduite des écoles chrétiennes* décrit minutieusement pour la lecture, l'écriture et l'arithmétique, les caractéristiques de cette progression. De plus, avant de proposer le changement à l'inspecteur, le maître s'assure que l'écolier est bien en mesure de franchir cette étape et donc de tirer profit de la suivante. La démarche n'a cependant rien de rigide, la *Conduite des écoles chrétiennes* donnant la possibilité pour les jeunes qui arrivent déjà âgés à l'école et qui sont dans la nécessité d'être mis au travail à brève échéance, de franchir de façon accélérée toutes les étapes, pour terminer leur cursus scolaire avec un bagage suffisant en lecture et en écriture.

L'École chrétienne permet aux enfants et aux jeunes d'accéder à la société moderne. Lecture et écriture sont des instruments essentiels de cette démarche. À l'époque de Jean-Baptiste de La Salle, l'acquisition de l'écriture était souvent vue comme un luxe inutile pour les pauvres. Cette participation à la société moderne passe également par la « civilité chrétienne ». En effet, celle-ci introduit ces enfants des « artisans et des pauvres » dans les comportements et les pratiques culturelles du monde qui compte à l'époque. L'ouvrage composé par monsieur de La Salle, les *Règles de la bienséance et de la civilité chrétienne* qui explique aux enfants comment se comporter dans le monde des élites, sera un best-seller jusqu'à la fin du XIXe siècle, et touchera le milieu populaire, bien au-delà des classes des frères.

Et bien sûr, il y a l'apprentissage de la religion chrétienne : messe et catéchisme quotidiens, pratiques de l'Évangile à la portée des enfants et des jeunes. Au XVIIe siècle, s'intégrer à la société veut dire être chrétien, un chrétien qui vit selon les normes définies par le concile de Trente, et qui donc les connaît et les intériorise.

Pour animer cette École, il faut des maîtres formés au métier d'éducateur et d'enseignant. C'est peut-être là l'apport essentiel de Jean-Baptiste de La Salle à notre système éducatif. Il donne aux maîtres des instruments de travail et de formation permanente : *Conduite des écoles chrétiennes*, *Devoirs d'un chrétien*, *Règles de la bienséance et de la civilité chrétiennes* ; sans compter plusieurs chapitres de la *Règle des frères* ainsi que ses *Lettres*. Pour lui, dans son contexte social et éducatif, le maître doit être l'adulte qui sert de modèle d'identification aux enfants. Et davantage encore : il est le chemin du salut pour les jeunes qui lui sont confiés. Dans la formation des Frères, la formation spirituelle et la formation professionnelle sont liées ; dans la vie de la communauté, des temps sont prévus pour la formation continue personnelle comme en équipe éducative.

L'École chrétienne est une école où l'on apprend à vivre en chrétien. Cet apprentissage chrétien consiste à mettre l'Évangile à la portée des enfants en leur proposant des manières de le vivre qui rejoignent leur expérience et leur situation : partage, pardon mutuel, piété, relations avec les parents, etc. À leur faire expérimenter les gestes chrétiens : sacrements, vie ecclésiale. Il est tout à fait remarquable que lorsque monsieur de La Salle parle de la prière aux écoliers ou aux frères, il dit aux uns et aux autres exactement les mêmes choses, parfois au mot près. Pour lui, il n'y a manifestement pas de chrétiens à deux vitesses !

L'École chrétienne est une école de l'entraide mutuelle, et ceci de manière institutionnelle. Les offices ou les charges sont partagés sous la responsabilité ultime du Maître, car comme la société de son temps, l'École chrétienne demeure hiérarchique. Cette entraide se manifeste encore dans les diverses séances de répétition du catéchisme, ou dans l'initiation des nouveaux aux signes conventionnels en usage dans la classe : au signal, retirer ou mettre son chapeau, etc.

L'École chrétienne est une école de la vie sociale. La vie de groupe est orientée par un travail et réglée par des conventions, des attitudes répétées. On y apprend des règles d'hygiène et de propreté corporelle, des modes de vie nouveaux pour la plupart des enfants. On fait l'expérience de la proximité et de la différence, dans la variété des milieux sociaux.

L'École chrétienne est une école de la maîtrise de soi, par le silence qui y règne, par la maîtrise du corps, de ses positions, de son regard. Par l'ordre retrouvé dans les relations entre les enfants, avec les maîtres, avec les adultes, dans l'école, dans les rues, les déplacements, hors du temps de l'école, à l'église paroissiale, en famille.

Un passage de la *Conduite des écoles chrétiennes* énonce clairement les attentes de Jean-Baptiste de La Salle et de ses Frères, par rapport aux enfants et aux jeunes qui leur sont confiés. Il provient du chapitre 16 de la *Conduite des écoles chrétiennes*, chapitre dans lequel l'auteur analyse les causes des absences des écoliers et les moyens d'y remédier. Un des aspects de la démarche, c'est qu'il faut convaincre les parents de l'intérêt de l'École chrétienne pour leurs enfants. On propose alors l'argument suivant :

Il faut pour cela leur représenter de quelle conséquence il est à un artisan de savoir lire et écrire, puisque, pour peu d'esprit qu'il ait, sachant lire et écrire, il est capable de tout (CE 16, 2, 21).

En résumé, ce qui fait le succès de l'école de Jean-Baptiste de La Salle :

Sa capacité à *réunir une série d'innovations pédagogiques*, qui existaient déjà pour la plupart d'entre elles, mais dispersées.

Sa capacité à assurer la permanence et la cohérence de ces innovations, grâce à la formation des maîtres et à la mise en *association* qui permet la durée.

Le charisme de la Fraternité

Au cœur du projet de l'École chrétienne il y a le maître et la relation qu'il établit avec les enfants, relation que Jean-Baptiste de La Salle caractérise presque toujours comme une relation maître / disciples, ou une relation personnelle : ceux que Dieu vous a confiés. Une relation attentive aux besoins de chacun, une attitude d'accompagnement, basée sur une connaissance vraie du milieu de vie des jeunes et des jeunes eux-mêmes. C'est le charisme de la fraternité.

Des réalisations éducatives d'avenir

Le Séminaire des maîtres d'école pour la campagne

Ce projet de formation de maîtres pour la campagne est constant chez Jean-Baptiste de La Salle. Il le commence à Reims afin de répondre aux demandes des curés de paroisse champenois. Il le reprend à Paris, peut-être d'abord à la Grand'Maison en 1699, puis sur la paroisse Saint-Hippolyte en 1703. Le même projet est repris à Saint-Denis en France, en 1709. C'est une véritable « École normale », là où les futurs instituteurs apprennent leur métier sous la direction d'un frère, et dans le cadre d'une « école d'application ».

Tout ceci ne débouchera pas sur une structure durable, mais le faut-il pour que les choses soient considérées comme valables ? Peut-être que ces institutions « provisoires » répondaient aux besoins qui les avaient suscitées, et il était inutile de les poursuivre artificiellement. Une fois les besoins d'un diocèse ou d'un doyenné satisfaits en maîtres formés, la formation n'avait plus de raison d'être.

L'École dominicale

À la demande du curé de Saint-Sulpice, monsieur de La Chétardie, Jean-Baptiste de La Salle, tout en s'appuyant sur les compétences de frères de sa communauté, met en place un enseignement postscolaire, en direction de jeunes apprentis parisiens. L'effort créatif apparaît extrêmement important et fécond, tout en étant très significatif quant à la libération en marche pour les pauvres. Le sens des besoins des jeunes est évident : les apprentis ne sont libres que le dimanche, il faut donc les enseigner ce jour-là. L'École dominicale s'adresse à des jeunes de moins de 20 ans, déjà au travail, qui n'ont pas eu la possibilité de recevoir une formation humaine et chrétienne conforme au dessein de salut de Jésus-Christ. Cette démarche dit clairement que ce qui est sacré, ce n'est pas le sabbat, mais l'homme et sa libération.

L'enseignement est adapté : lire et écrire pour les débutants, « géométrie et quelques parties des mathématiques » pour d'autres. C'est-à-dire ce qui correspond aux besoins professionnels de l'artisanat, du commerce. Ces éléments sont des occasions de progrès dans un domaine bien concret et important pour de jeunes hommes : leur profession. Ces moments d'étude sont suivis d'un temps de formation humaine et religieuse « proportionnée à la condition et à la portée des auditeurs ».

La démarche pour aller à cette École dominicale est en elle-même révélatrice du projet de Jean-Baptiste de La Salle : tous ceux qui le veulent, qui ont de la bonne volonté, y ont accès. Le salut est proposé gratuitement, il est possible pour tous. Le salut de ces jeunes advient dans le déroulement de leur vie, il n'est pas remis à un au-delà.

On a là les prémices de ce qui sera aux XIXe et XXe siècles, les « patronages » et aussi les « cours du soir » pour soldats, ouvriers, apprentis, etc.

Le pensionnat des Irlandais

L'année 1698 voit la naissance dans la Grand'Maison (le noviciat des Frères, à Paris) d'une nouvelle œuvre : le « pensionnat des Irlandais ». L'ouverture se fait à la demande du curé de Saint-Sulpice qui relaie une sollicitation de l'archevêque de Paris, lui-même répondant aux désirs du roi d'Angleterre en exil à Saint-Germain-en-Laye, Jacques II. Cela fait une dizaine d'années que ce souverain est en France avec ses partisans (la « Glorieuse Révolution » en Angleterre a lieu en 1689). Ces jeunes Irlandais sont les fils de ceux qui ont suivi le roi Jacques II dans son exil; ils sont aussi des « pauvres », peut-être pas au sens propre, mais à cause de leur situation d'exilés.

À l'époque – on le sait par le *Registre des pauvres secourus* de la paroisse qui a été conservé –, des rues entières de la paroisse Saint-Sulpice étaient occupées par des familles irlandaises qui logeaient au dernier étage des immeubles, signe d'une grande pauvreté économique. On a les noms et les adresses. On constate que le roi Jacques II leur porte un intérêt certain, puisqu'il viendra leur rendre visite à la Grand'Maison. Il semble aussi que tous les garçons irlandais d'âge scolaire qui se trouvaient à ce moment dans la région parisienne aient été scolarisés dans ce pensionnat. Ces Irlandais ont fait souche et ont occupé des postes dans l'administration, l'armée (les régiments irlandais joueront un rôle déterminant lors de la bataille de Fontenoy), la marine, le grand commerce. La fin du XVIIIe siècle les voit complètement intégrés à la population française.

Saint-Yon et la culture du monde moderne

Le pensionnat de Saint-Yon est particulièrement intéressant quant à ses contenus, ses objectifs et le public visé. Pour répondre aux besoins de formation pratique des enfants de la bourgeoisie commerçante, Jean-Baptiste de La Salle invente un nouveau cursus scolaire. Pas de lettres classiques mais une formation adaptée aux besoins des commerçants, des ingénieurs, des techniciens.

Le public demandeur est celui qui est moteur économiquement dans la France du XVIIe-XVIIIe siècle : le monde des négociants, parfois aussi armateurs ; le monde industriel qui se constitue. Il est symptomatique que ce type d'enseignement naisse à Rouen, grande ville (la 4e du royaume), port de commerce actif, cité industrialisée : textile, teinturerie (chimie), toutes les industries liées à un port. C'est là que se façonne une nouvelle mentalité d'entrepreneurs, ouverts sur l'extérieur, les relations internationales, confiants sur les capacités de l'esprit humain. Un nouvel humanisme est en train de naître.

Le pensionnat de Saint-Yon : des institutions diverses

En juillet 1705, Jean-Baptiste de La Salle s'installe dans la maison de Saint-Yon, près de Rouen. Il y amène le noviciat qui était errant dans différentes communautés de Paris et se trouvait, en conséquence, très perturbé. Dans le contexte de l'époque, le noviciat joue le rôle de centre de formation professionnelle pour les jeunes frères. Cette formation dure deux années, dont l'une est consacrée entièrement à l'apprentissage du métier de maître d'école. Monsieur de La Salle installe aussi à Saint-Yon le « gouvernement » central de son Institut, avec un lieu pour accueillir les frères anciens.

À partir de la maison de Saint-Yon se développe une œuvre originale : un pensionnat « moderne » quant à ses propositions et des apprentissages.

L'œuvre touche des adolescents plutôt que des enfants. Au début, il semble que Jean-Baptiste de La Salle réponde à des parents qui éprouvent des difficultés pour l'éducation de leurs enfants ou encore à des personnes qui ne trouvent pas, dans les propositions éducatives classiques, ce qui correspond aux besoins réels de leur profession. Ils appartiennent en général à la classe sociale active et productive, celle de la bourgeoisie technicienne et commerçante qui est en train de créer le monde moderne de la première industrialisation. *A priori*, le latin leur est inutile, mais ils ont besoin du français, de la comptabilité, des langues étrangères, du dessin technique, des mathématiques, etc. On désigne ces enfants comme les « petits pensionnaires », ils vivent dans la *Pension libre.*

Dans un deuxième temps, on assiste à un glissement dans le recrutement des élèves. Il ne s'agit plus seulement d'enfants à instruire dans des conditions différentes de celles des écoles gratuites, mais d'enfants au comportement difficile : « enfants mutins, indociles, intraitables ». Ce sont également de petits pensionnaires, mais ils vivent dans la *Pension de correction.*

Ce qui conduit à un troisième niveau : l'accueil de personnes enfermées par décision du roi, avec une lettre de cachet, « des libertins de profession » selon le principal biographe de Jean-Baptiste de La Salle. Ce ne sont plus des enfants, mais des adultes, parfois jeunes, mais pas toujours, qui sont l'objet d'une décision des autorités qui se substituent alors à la puissance paternelle. Ce genre de pensionnaires demande des structures différentes de celles convenables pour des adolescents. Il faut des bâtiments avec une organisation de type carcéral, et un système éducatif adapté pour les aider à sortir de cette « Pension de Force », puisqu'aucun des enfermés n'est là à vie. Plusieurs d'entre eux ont « l'esprit dérangé ». On les appelle les « grands pensionnaires », ils relèvent de la *Pension de force.*

Le programme d'enseignement

La Pension libre et la Pension de correction, qui s'adressent à des jeunes du même âge, ont les mêmes programmes d'enseignement. Excluant le latin, ce programme d'étude se tient résolument en dehors des humanités classiques.

Il comprendra rapidement – outre la récitation et l'explication du catéchisme et de l'Histoire sainte – de l'arpentage et du dessin, de l'arithmétique et de la grammaire, des notions de géographie, des cours de tenue de livres de comptabilité. Par la suite, on trouvera encore de l'histoire naturelle, de l'hydrographie, du calcul différentiel et intégral, et des langues vivantes, des ateliers aussi : ferronnerie, forge, et du dessin d'architecture.

Les loisirs et les activités artistiques

Les *Règles de la bienséance et de la civilité chrétienne* parlent de promenades et de jeux comme « la paume, le mail, la boule, les quilles ou le volant ». La pédagogie de Saint-Yon utilise aussi la danse et l'escrime. On trouve aussi consignés dans divers registres de comptabilité de cet établissement de Saint-Yon, non seulement le prix d'achat des jeux d'intérieur – dames, échecs, jacquets ou trictrac, jeux de cartes – destinés à tromper l'ennui des jours de pluie, mais même le prix des balles qu'on faisait voler dans une cour de récréation ouverte sur les prairies et les jardins plantés d'arbres en quinconce. Le *Règlement pour les frères de la petite pension* (Pension libre) prescrit, en semaine, une leçon de chant au début de l'après-midi et deux leçons de chant le dimanche : l'une en matinée et l'autre au début de l'après-midi. À Saint-Yon, les pensionnaires avaient la possibilité d'apprendre à « sonner quelque instrument ». Le *Livre de comptes* mentionne des leçons de violon et de flûte et rapporte l'achat d'une clarinette. L'enseignement du dessin aux pensionnaires libres est attesté par le règlement de la pension, et le Plan de 1777 localise la « salle où l'on enseigne la figure et l'ornementation ».

Signification et portée de Saint-Yon

La fondation de Saint-Yon marque un tournant, l'Institut des Frères prend conscience de son originalité et de sa capacité d'invention. Une image de l'Institut des frères des écoles chrétiennes naît, et va se renforcer par la suite : sa capacité à entendre et à comprendre les besoins des classes dynamiques de la société, celles qui sont dans une phase d'ascension sociale. Le modèle de Saint-Yon est fécond tout au long du XVIIIe siècle : des pensionnats naissent à Angers, Nantes, Maréville (près de Nancy), Marseille, la Martinique. Dans l'enseignement secondaire français, ce sera un des modèles de l'enseignement dit « moderne » du XIXe siècle ainsi que des écoles techniques et professionnelles. Le modèle en sera « exporté » par les Frères français dans le monde entier au XIXe siècle.

L'attention à l'existence réelle des jeunes, à leur avenir social, l'ouverture et l'accès à la modernité, quel qu'en soit le niveau, voilà les traits communs à ces deux institutions, pourtant très différentes dans leurs finalités particulières et leurs publics : les écoles chrétiennes et gratuites pour les pauvres, et le pensionnat de Saint-Yon, pour la classe montante de la société française.

Le système scolaire, dans l'école élémentaire, en France, aujourd'hui, est la continuation de ces innovations pédagogiques. Le ministre Guizot, ministre de l'Instruction publique en 1840, ne dit pas autre chose : il faut que les instituteurs, dans les Écoles normales, apprennent à enseigner selon « la méthode des Frères ». L'École républicaine de Jules Ferry et l'École chrétienne des Frères fonctionnent sur les mêmes bases organisationnelles : classes de même niveau, avec éventuellement des divisions internes, français comme langue d'apprentissage, systèmes des récompenses et des punitions, rythmes généraux, place prépondérante de l'enseignant, etc.

Il faut lire les propos de Ferdinand Buisson qui, tout en demandant la suppression des frères des Écoles chrétiennes en France, en 1904, fait un panégyrique, quelque peu biaisé il est vrai, de Jean-Baptiste de La Salle. Le récit de la vie de Monsieur de La Salle, sur le site dédié à Ferdinand Buisson (1841-1932) est aussi, à quelques erreurs près, tout à fait remarquable. Sans le dire, mais en exposant les faits, Ferdinand Buisson fait bien de saint Jean-Baptiste de La Salle, le père de notre école élémentaire. Ce qu'il ne dit pas, c'est que cette École chrétienne veut, tout à la fois, « construire l'Homme et dire Dieu ».

J.-L. S.

■ ***Frère Jean-Louis Schneider*** Frère des Écoles chrétiennes, accompagnateur des Fraternités éducatives de La Salle, responsable de la communauté des Frères de Saint-Denis, licencié en Lettres modernes.

GRANDEUR ET DÉCADENCE DE L'ÉCOLE RÉPUBLICAINE

ROLAND HUREAUX

C'est en vain que les conservateurs cherchent dans la laïcité de l'enseignement public les raisons de sa décadence actuelle. Pire que décadence, décomposition déjà avancée, qui se mesure à différents critères : baisse générale du niveau, volant croissant d'illettrisme, loi du plus fort dans les cours de récréation (que, faute de pouvoir l'empêcher, on appelle « harcèlement »), démoralisation et recul intellectuel du corps enseignant, désordre et indiscipline au sein même des locaux scolaires. En aval, la baisse du niveau de nos ingénieurs et donc de la capacité économique du pays, ou l'inculture de nos hommes politiques.

Il n'en a pas toujours été ainsi. Le XIXe siècle avait vu l'instauration en France d'une forte école publique : les lycées de Napoléon calqués sur les collèges jésuites (où le réveil au son du clairon avait remplacé le réveil à la cloche !), l'œuvre réformatrice de François Guizot, de Victor Duruy et d'autres. Elle était complétée par une école privée solide où la classe dirigeante apprenait les humanités classiques.

L'ordonnance du 13 décembre 1698 de Louis XIV obligeait les parents à envoyer leurs enfants jusqu'à 14 ans à l'école paroissiale, appelée aussi « petite école ». Le coût en était modique, les frères des Écoles chrétiennes le prenant en charge pour les plus pauvres. L'alphabétisation, largement entamée sous l'Ancien Régime toucha les garçons avant les filles, le Nord avant le Sud.

En désorganisant l'Église catholique sur laquelle reposait le système scolaire, la Révolution causa un recul qui ne fut rattrapé que dans le courant du XIXe siècle.

L'école de Jules Ferry

Jules Ferry ne fit que parachever un long mouvement d'alphabétisation qui commence à la fin du XVe siècle avec l'invention de l'imprimerie, et qui suit une pente ascendante presque continue jusqu'à toucher presque toute la population dès 1870. Étape importante : la loi Guizot du 28 juin 1833 sur l'instruction primaire, qui organisait un système scolaire public, gratuit pour les pauvres, marqua un pas en avant important.

Si la gratuité était à peu près acquise, seule la IIIe République instaura l'obligation de la scolarisation, et naturellement la laïcité.

La laïcité, instaurée en 1882, signifiait la disparition de tout enseignement ou référence religieuse au sein de l'école publique. Le souci de Jules Ferry et de ses proches, généralement protestants et kantiens, était moins philosophique que politique. L'enseignement religieux à l'école impliquait une tutelle de l'Église sur les enseignants. Or ils voulaient abolir cette tutelle, persuadés qu'ils étaient que l'Église était ennemie de la science (qui le leur avait fait croire ?). Or ils ne voulaient pas que la France soit en retard sur l'Allemagne qui venait de nous battre en 1870, laquelle, au temps du *Kulturkampf*[1], prenait son envol en matière de sciences physiques et naturelles. Pour préparer la revanche, il fallait des Français ouverts au progrès et donc, selon eux, une école exempte de toute tutelle ecclésiastique.

Mais le souci de Jules Ferry fut tout autant de maintenir au sein de l'école l'enseignement moral issu du christianisme, exempt de toute considération métaphysique : la morale chrétienne laïcisée, dit Jean-Paul Sartre. Le but en était de promouvoir les vertus familiales, le sens du labeur, les capacités professionnelles et éventuellement militaires du peuple par une meilleure instruction et le développement des qualités pratiques, à commencer par le sens de la discipline.

La laïcité de Jules Ferry ne devait heurter aucune conviction religieuse : On connaît sa célèbre lettre aux instituteurs du 17 novembre 1883 :

> *Si parfois vous étiez embarrassé pour savoir jusqu'où il vous est permis d'aller dans votre enseignement moral, voici une règle pratique à laquelle vous pourrez vous tenir. Au moment de proposer aux élèves un précepte, une maxime quelconque,*

1. Le *Kulturkampf* fut une politique lancée par Bismarck contre l'Église catholique à partir de 1873.

demandez-vous s'il se trouve à votre connaissance un seul honnête homme qui puisse être froissé de ce que vous allez dire. Demandez-vous si un père de famille, je dis un seul, présent à votre classe et vous écoutant, pourrait de bonne foi refuser son assentiment à ce qu'il vous entendrait dire. Si oui, abstenez-vous de le dire ; sinon, parlez hardiment : car ce que vous allez communiquer à l'enfant, ce n'est pas votre propre sagesse ; c'est la sagesse du genre humain, c'est une de ces idées d'ordre universel que plusieurs siècles de civilisation ont fait entrer dans le patrimoine de l'humanité.

L'école laïque était ainsi fondée sur une morale laïque, autre nom de la morale naturelle, où beaucoup voient, au travers de la loi de Moïse, le fondement de la morale chrétienne. La classe s'ouvrait chaque matin par la célèbre leçon de morale, autour d'une maxime écrite au tableau. Il y avait sans doute alors plus de morale à l'école publique qu'il n'y en a aujourd'hui en bien des écoles confessionnelles. Ces principes furent observés sans défaut jusqu'au début des années soixante.

Ajoutons que l'école (instruction publique) voulait d'abord instruire, sans prétendre régénérer l'humanité (éducation nationale), hors la morale commune. L'école de Jules Ferry prétendait renforcer l'action des familles et non la déconstruire.

La laïcité post-soixante-huitarde

Les choses ont bien changé aujourd'hui tant du point de vue de l'instruction générale que de la laïcité. C'est à tort que certains voient dans la dégénérescence actuelle de l'école la continuation de la Révolution française et de la laïcité de la IIIe République.

Or il y a une deuxième laïcité qui prend naissance en mai 68 et qui n'a rien à voir avec la laïcité de Jules Ferry. La première était fondée sur l'existence d'une morale universelle et sur le respect rigoureux de toutes les croyances religieuses. La seconde repose sur la négation de la morale et le mépris des convictions religieuses.

En Mai 68, le quart d'heure de morale fut aboli, sans que, à ma connaissance, aucune circulaire l'ait ordonné, sous le seul effet de l'air du temps. Les idées de devoir, y compris familial, de discipline, de vertu furent du jour au lendemain déclarées obsolètes.

Le respect d'autrui, n'étant plus enseigné comme tel ou si peu, il se trouva peu à peu éclaté en respects catégoriels : celui des gens d'une couleur différente (l'antiracisme), des immigrés, des femmes (hors de toute galanterie), des homosexuels, etc. Pas celui des parents et des maîtres ! Le sens d'un autrui (ou prochain) respectable en tant que tel se perdit.

Parallèlement, les enseignements, notamment ceux de l'histoire, de la littérature, de la philosophie cessèrent de se soucier du respect de la conscience des élèves. Quel parent d'élève catholique n'a pas été témoin de la souffrance d'enfants qui devaient entendre à longueur de cours des critiques de l'Église catholique et du christianisme ?

Non seulement on cessa d'enseigner la morale classique mais, sous différentes formes, en particulier la prétention à éduquer la sexualité, lui a été délibérément substituée une morale idéologique souvent contraire aux règles ancestrales. Une étape supplémentaire a été franchie à la rentrée 2023 avec l'obligation, à tous les niveaux dès la maternelle, d'une « éducation » à la sexualité faisant une large part à l'enseignement de la masturbation ou à la notion, pourtant non scientifique, de genre, avec ce qui va avec, comme la possibilité de changer de sexe, si déstabilisatrice pour les adolescents.

La laïcité, jadis neutre, s'inscrit désormais dans la culture *woke*. *Woke* veut dire éveillé, en matière de conscience de classe, de race, de respect des diversités sexuelles, de refus de toute forme de patriotisme. La théologie de la libération parlait de « conscientiser » les hommes mais cela ne s'appliquait qu'à la lutte des classes. Aujourd'hui, la subversion des repères s'applique à tout. La nouvelle laïcité ne prétend pas respecter l'héritage des parents mais au contraire arracher les enfants aux conditionnements familiaux, et cela par des transgressions délibérées. C'est pourquoi l'enseignement est désormais obligatoire dès l'âge de trois ans. C'est pourquoi des caricatures de Mahomet sont présentées aux enfants musulmans, légitimement indignés[1].

La laïcité classique respectait tous les dogmes mais imposait une morale tenue pour universelle, en harmonie avec celle qui était transmise par les familles du peuple ; la nouvelle laïcité, ne reconnaissant pas de morale naturelle, tient les choix moraux des familles pour des données relatives. La nouvelle laïcité ne se contente pas de la neutralité en matière de dogme mais prétend aussi être neutre en matière de morale. Critiquer l'avortement ou l'homosexualité

1. Ces propos ne visent naturellement pas le malheureux Samuel Paty, au sort si tragique, mais les rédacteurs de programmes qui lui ont donné des ordres.

est désormais tenu pour une atteinte à la laïcité. Et le meilleur moyen de s'en préserver est d'inculquer aux enfants qu'il s'agit de choses normales.

De pair avec ces évolutions, va le déclin rapide du niveau du fait de l'indiscipline, non seulement sociale mais aussi intellectuelle. Ce n'est pas seulement là l'effet d'un simple relâchement mais aussi d'idéologies qui le cautionnent : se sont propagés le principe qu'« il est interdit d'interdire », l'idée que l'enfant doit être « au centre de l'école », ce qui veut dire qu'il en sait autant que l'enseignant, idée porteuse de relents de surréalisme qui valorisait la libre expression, tenue *a priori* pour géniale. Ces conceptions sont fatales à l'exigence d'une orthographe correcte. Elles se sont accompagnées de théories pédagogiques à caractère idéologique sans fondement scientifique solide : méthode globale de lecture, grammaire structurale, mathématiques dites modernes, c'est-à-dire loin du concret, et peut-être bientôt, écriture inclusive. Les cours pratiques ont été abolis : la vieille arithmétique des problèmes de robinet, les cours de couture des filles etc.

Les aumôneries, préservées aux marges de l'enseignement secondaire, auraient pu compenser ces faiblesses mais, prises dans la tourmente qui a suivi le concile Vatican II, elles ne pouvaient guère jouer un rôle structurant chez la minorité de jeunes qui les suivaient.

Il faut ajouter à ces dérives le faux égalitarisme d'inspiration marxiste popularisé par Bourdieu, qui a conduit au tronc commun du secondaire (une idée acceptable à ses débuts mais qui s'est ensuite pervertie), à la suppression des classes de niveau, la quasi-interdiction des redoublements, et au relâchement des exigences de tenue pour soi-disant ne pas handicaper les enfants d'origine modeste. Cette idéologie égalitaire a eu le résultat de toutes les idéologies – ce que Hayek appelle « la loi des effets contraires au but poursuivi » –, l'accroissement des inégalités, au lieu de l'égalité, un ascenseur social en panne, les plus aisés se réfugiant dans l'enseignement privé, les autres stagnant dans une école publique devenue médiocre. Faute de redoubler, les moins doués prennent l'habitude de ne rien comprendre, ce qui les prépare sans doute à une société moderne qui bannit toute critique des logiques dominantes, y compris celles de l'Éducation nationale !

Tout cela est à mille lieues de la IIIe République. Au lieu d'une morale universelle, l'immoralisme ; au lieu de l'« élitisme républicain », un faux égalitarisme de la médiocrité ; au lieu de la rigueur, le laisser-aller ; au lieu de la discipline, la loi du plus fort dans les cours de récréation et même en classe ; au lieu de la tolérance, le piétinement des convictions religieuses et morales ; au lieu du respect des maîtres, la désinvolture généralisée.

Loin d'être un effet retardé de la Révolution française, la laïcité post Mai 68 représente l'intrusion massive des idées anglo-saxonnes de l'après-guerre, souvent promues par des institutions comme la Fondation Ford ou la Fondation Rockefeller. La critique radicale de la discipline a été formulée par l'école de Francfort, née en Allemagne dans les années 1920, exilée aux États-Unis en 1933, en particulier par Theodor Adorno qui, campant la silhouette de la « personnalité autoritaire » (c'est-à-dire morale), y voit l'origine du nazisme... La fondation Rockefeller a aidé les recherches d'Adorno ; elle a soutenu aussi le rapport Kinsey (1951) qui conduit à l'idée que toute forme de contrôle de la sexualité n'est qu'hypocrisie. Ces idées furent relayées par ce que les Américains appelèrent la *French theory*, Bourdieu, Deleuze, Derrida, Foucault, tous « déconstructeurs » ayant prospéré dans les universités américaines à partir de 1970 sur un terrain préparé par l'école de Francfort. C'est dans celle-ci qu'il faut chercher les origines des idées de Mai 68, dont on est au regret de dire qu'au départ, elles n'avaient rien de français.

Ces idées pénétrèrent l'école allemande dès l'après-guerre : l'armée américaine, inspirée par l'école de Francfort revenue de son exil d'outre-Atlantique, prétendait extirper tout ce qui aurait pu ramener le socialisme national, à commencer par le principe d'autorité ou la morale sexuelle. La France suivit trente ans plus tard.

Est-il nécessaire de dire que ce qu'est devenue l'école publique offusquerait gravement Jules Ferry et les milliers de « hussards noirs de la République » fidèles aux principes de la laïcité classique, dont sa morale, pendant presque un siècle ? Jacques Chirac, dont les quatre grands-parents étaient enseignants, disait d'eux qu'ils étaient des « instituteurs laïques de la IIIe République, c'est-à-dire le contraire des instituteurs gauchistes de la Ve ». Nous lui laissons la responsabilité de cette appréciation qui dit quand même ce qu'elle veut dire.

Il va de soi que l'égarement moral et humain de la nouvelle école idéologique est bien plus grand que celui de l'école laïque des origines, qui promouvait la morale naturelle, qui ne parlait certes pas de Dieu mais qui, par son silence et sa discrétion, avait au moins le mérite d'en préserver le mystère.

Le caractère totalitaire de la nouvelle école laïque ne cesse de s'aggraver. Ceux qui voudraient y échapper comme les parents qui font l'école à la maison, font l'objet depuis la rentrée dernière, en même temps qu'on fait le forcing sur l'éducation sexuelle, de véritables persécutions policières et financières pour les contraindre à rentrer dans le rang. Cette nouvelle école idéologique est une prison, un véritable camp de rééducation à quoi nul n'a plus le droit d'échapper.

Comme tous les régimes idéologiques, le seul espoir d'en sortir résulte de leur prévisible échec : échec moral, échec pédagogique, échec humain. C'est ce à quoi nous sommes en train d'assister. Jusqu'où ?

R. H.

■ ***Roland Hureaux*** Marié, père de 8 enfants et grand-père. Ancien élève de l'École normale supérieure et de l'ENA, agrégé d'histoire, rédacteur en chef de *Résurrection* de 1975 à 1976. Essayiste, auteur de *Gnose et gnostiques des origines à nos jours* (Desclée de Brouwer, Paris, 2016) et *Jésus de Nazareth, roi des Juifs* (Desclée de Brouwer, Paris, 2021).

LAÏCITÉ : MODE D'EMPLOI ET REPÈRES ACTUELS

MAGALI PIRON

La laïcité réside au cœur de la question scolaire en France, l'objectif de cet article est d'apporter un éclairage à la fois historique et notionnel sur cette « question laïque ».

Si le terme de laïcité est bien connu de tous les citoyens français, sa définition soulève certaines questions. Le concept a beaucoup évolué depuis son apparition au XIXe siècle et les interprétations demeurent nombreuses et variées. Les évolutions de la société française et les récentes difficultés rencontrées autour de la question de l'intégration des populations issues de l'immigration, ainsi que la montée des intégrismes, ont réintroduit avec force dans l'actualité la notion de laïcité.

Le terme « laïc » est issu du grec *laikos*, qui signifie la « foule indifférenciée », par opposition aux héros. Dans le vocabulaire des premiers chrétiens, il désignait tout nouveau membre de la communauté chrétienne qui devait être enseigné dans la foi, mais qui ne se destinait à devenir ni clerc ni religieux. Ce sens de « différent des clercs » est d'ailleurs celui qui perdure dans l'Église jusqu'à présent.

Le latin médiéval donne naissance à l'adjectif *laïcus* qui garde une connotation péjorative héritée de son origine grecque de « masse » ; il s'oppose alors à d'autres termes qui signifient « savant ». Se forme alors l'opposition entre le laïc, qui est illettré, et le clerc, celui qui sait. Cependant à partir de la Renaissance, *laïcus* se chargera de valeurs plus positives et désignera souvent des groupes de spirituels par différence avec une spiritualité monastique. C'est ainsi que des « laïcs » pourront enseigner.

C'est curieusement ce même terme qui sera retenu par la République pour désigner le principe de séparation de l'Église et de l'État. Mais depuis la crise de 1880-1910 entre l'Église catholique et l'État Français, l'usage s'est établi en France de réserver les deux orthographes du mot à deux significations différentes : « laïc » pour les chrétiens qui n'appartiennent ni au clergé ni aux ordres religieux ; et « laïque » pour ce qui respecte strictement la neutralité vis-à-vis des diverses religions.

La laïcité est un principe de séparation, tout d'abord entre le profane et le religieux, puis dans une spécificité française, entre la République et les Églises. La séparation et la neutralité qui en découlent sont les deux attributs principaux de la laïcité républicaine. La création de l'École de la République a été l'acte majeur de cette séparation, car elle regroupe en elle tous les aspects de la laïcisation ; la sécularisation de l'école a été la suite logique de celle de l'État civil et de la santé, qui l'ont précédée.

La société française, à l'image de sa laïcité, est partagée entre la sphère publique et la sphère privée. Le terrain de déclinaison de cette frontière est multiple : État/Églises ; école/familles ; culture universelle/cultures particulières. Pour Durkheim[1], la frontière semble bien tracée car l'État libère l'individu « des groupes particuliers et locaux qui tendaient à l'absorber, famille, cité, corporation » et éloigne ainsi les inégalités dans un souci de justice sociale.

En France, la distinction entre sphère publique (ou espace public) et sphère privée a conduit à la privatisation de la religion et trouve son origine dans l'importance donnée depuis les Lumières à la liberté et à l'autonomie de l'individu. Les lois sur le colportage, la liberté de la presse, de réunion, d'association, et sur la liberté de conscience ont créé pour la société civile un espace public, car cette société civile peu à peu sera perçue comme autonome par rapport à l'État.

Jean Jaurès, dans le journal *L'Humanité* du 2 août 1904, écrivait que « Laïcité et démocratie sont identiques », ou « indivisibles », parce que la séparation laïque du religieux et du politique est en réalité consubstantielle à une « démocratie [qui] fonde en dehors de tout système religieux toutes ses institutions, tout son droit politique et social, famille, patrie, propriété, souveraineté ». La laïcité dite française ne fait que concrétiser de la façon la plus nette, la plus achevée, le principe d'une démocratie qui « ne s'appuie que sur l'égale dignité des personnes humaines appelées aux mêmes droits et invitées à un respect

1. Émile Durkheim : savant français, pionnier de la sociologie des religions (1858-1917).

réciproque [et qui, par conséquent] se dirige sans aucune intervention dogmatique et surnaturelle, par les seules lumières de la conscience et de la science».

La constitution d'un «espace public»

Ce grand partage de l'espace est à l'origine de l'évolution de la notion de «public». Rousseau opposait ce qui était public au particulier. Il qualifiait de public ce qui était ouvert et commun à tous, universel, alors qu'il envisageait le particulier privé et donc fermé. Ce concept de «public» devient politique à la Révolution avec le désir d'une éducation publique ouverte à tous et nationale; Jules Ferry y ajoutera les critères de laïcité et de culture commune. Il devient alors indispensable de déterminer cet «espace public», qui n'a cependant eu une traduction juridique qu'avec la loi du 11 octobre 2010:

> ***Art 1**: Nul ne peut, dans l'espace public, porter une tenue destinée à dissimuler son visage.*

La réflexion autour de la notion d'espace public marque la prise en compte du pluralisme, qui nécessite distance et questionnement, en même temps que la cohabitation et un apport de tolérance.

Jacqueline Gautherin[1] détermine deux aspects à cet espace public: le premier est l'espace public «politique» dans lequel l'intérêt est général, et qui est «laïque», différent du second défini par la loi du 11 octobre 2010 qui le délimite ainsi:

> ***Art 2**: la notion d'espace public concerne la voie publique, les espaces ouverts au public et ceux affectés à des services publics.*

Ce second espace public est soumis au «vivre ensemble» mais pas au principe de laïcité. Cette distinction entre l'espace public et l'espace privé nous conduit naturellement à nous interroger sur la notion de frontière, conséquence logique de la laïcité.

> *Quand la frontière est bien tracée, et qu'il n'y a pas de sujet de litige entre les deux domaines, personne n'est tenté de la franchir!»* (J. Ferry)

1. Jacqueline Gautherin, «Quand la frontière est bien tracée», in *Éducation et Sociétés*, 2015/2 (n° 36), p. 137-154.

Dans l'école de la République, la « neutralité » sera la marque de cette frontière mais les Pères de la République, « s'ils garantirent la neutralité religieuse de l'école, ne promirent ni sa neutralité philosophique, ni sa neutralité politique[1] ». C'est la raison pour laquelle la morale laïque comprenait les devoirs envers Dieu et transmettait l'idée républicaine de l'unité nationale.

La privatisation de la religion

Alors que, d'un point de vue légal, la République ne repousse pas le religieux dans l'espace « privé », puisque l'État connaît et reconnaît les cultes en les encadrant par la loi afin qu'ils ne contreviennent pas à l'ordre public, et que l'exercice public des cultes est donc autorisé et reconnu jusqu'à cette limite, la religion n'a cessé d'être repoussée dans un espace privé réservé essentiellement au cadre familial. Grâce à la laïcité, le citoyen conquiert la protection de sa liberté de conscience, et en contrepartie il doit respecter l'espace public que tous doivent partager. Désormais, quelle place pour le spirituel dans notre République ?

Pour amorcer un début de réponse à cette question, nous nous proposons de revisiter les fondations de l'école républicaine : la République affirme d'une part la neutralité confessionnelle et le respect des religions, et d'autre part l'engagement résolument républicain. J. Ferry déclare au Sénat le 10 Juin 1881 : « Nous avons voulu la lutte anticléricale, mais la lutte antireligieuse jamais, jamais[2]. » L'ennemi est identifié, il s'agit de l'Église mais pas de Dieu.

L'espace privé déborde dans l'espace public sous forme de revendications

Dans les faits, la frontière entre espace privé et espace public semble bien moins hermétique que prévu. Ainsi, la récupération progressive par l'État des domaines d'influence de l'Église (état civil, santé, éducation) est en faveur de la perception de Gérard Noiriel :

1. Jules Ferry, 6 juin 1889, *Discours et opinions de M. Jules Ferry (1832-1893),* tome II, publié avec commentaires et notes de Paul Robiquet, Colin, Paris, 1898, p. 474.
2. Odile Rudelle, *Jules Ferry, la République des citoyens*, tome II (*1893-1898*), Imprimerie nationale, coll. « Acteurs de l'histoire », Paris, 1996, p. 50.

Le processus de sécularisation qui a commencé en Europe au XVIIe siècle avec le triomphe de la « raison d'État », consista moins dans une séparation stricte entre le religieux et le politique que dans un déplacement de leurs frontières mutuelles. L'État moderne s'est progressivement construit contre l'Église en absorbant ses prérogatives[1].

De la même manière, Jacqueline Gautherin[2] analyse cette ligne de partage entre l'espace privé et l'espace public, et s'efforce d'en montrer les faiblesses. Dans la réalité cette frontière imaginaire ne cesse d'être perméable et de mettre en échec ce « grand partage ». Il existe des connexions entre ces deux mondes, ou plutôt des irruptions de l'un dans l'autre. Ainsi en est-il des débordements des familles et des communautés dans l'école. Ils ont pu conduire l'institution scolaire à des adaptations et à la tolérance de certaines particularités, voire à leur caution, alors que ce partage total et définitif était le rêve de la République.

L'École de la République s'est heurtée dès le début à cette difficulté d'affirmer les frontières. En effet, si la démarcation est plus claire avec des matières enseignées relevant de la science, elle demeure en revanche plus floue lorsqu'il s'agit de morale. La neutralité, le commun, et l'universel sont plus difficiles à valider et à évaluer. J. Gautherin[3] explique que « l'un et l'autre ne pouvaient prétendre à l'universel qu'à condition d'un travail d'universalisation de la destinée républicaine » ; c'est ce qui conduit E. Durkheim à écrire que « notre conscience nationale se confond avec la conscience humaine ».

Au moment de la loi de 1905, des accommodements ont dû être envisagés, témoins d'un effort de conciliation car les tensions étaient trop fortes. Ainsi en sera-t-il avec l'instauration d'un jour vaqué pour l'enseignement religieux, ou la possibilité d'ouvrir des aumôneries dans les établissements scolaires. Dès sa fondation, l'École de la République a instauré une certaine souplesse dans la démarcation entre elle et les familles, et les religions. Petit à petit sont apparus quelques signes de reconnaissance du particulier au sein du collectif tels que l'enseignement du fait religieux, celui des langues régionales ou d'origine. Ce jusqu'à la loi de 2004 qui rétablit cette frontière de manière abrupte et péremptoire en interdisant aux élèves le port de signes ostentatoires d'appartenance religieuse.

1. Gérard NOIRIEL, *Une histoire populaire de la France. De la guerre de Cent Ans à nos jours*, (1re édition), Agone, Mémoires sociales, Marseille, 2019, p. 79-80.
2. Jacqueline GAUTHERIN, « Quand la frontière est bien tracée », art. cit.
3. *Ibid.*

L'affaire du foulard islamique, ou l'échec de cette frontière

L'étude de l'histoire de l'école républicaine depuis les années 1980 met en exergue, dans une mise en contexte social, un événement-phare qui éclaire cet échec du « grand partage ». Il s'agit du phénomène médiatisé du port du voile islamique qui a révélé un dysfonctionnement en ce qui concerne la visibilité de la laïcité dans l'école. Il en est de même pour toutes les revendications qui ont découlé de cet événement, telles que la remise en cause par les élèves du contenu de certains enseignements, ou des questions alimentaires liées à des prescriptions religieuses. Malgré les bonnes intentions du départ, nous pensons que les réponses données jusqu'à présent par l'institution scolaire n'ont pas été remarquables en matière de cohésion sociale et de formation du citoyen.

Nous nous proposons d'effectuer un retour sur ce moment de la prise de conscience d'une laïcité « pas si apaisée » accompagnée du constat d'une panne du modèle d'intégration, et d'une remise en question du modèle scolaire ainsi que des promesses républicaines. Il aura suffi que trois jeunes collégiennes de l'Oise refusent d'enlever leur voile à l'entrée de leur établissement pour défrayer la chronique, alimenter la polémique et secouer profondément la laïcité, fondement de l'école républicaine.

Octobre 1989, au collège Gabriel-Havez de Creil, en Zone d'éducation prioritaire : trois jeunes filles refusent d'ôter leur voile islamique pour entrer dans l'établissement. Le principal du collège décide alors de les exclure en s'appuyant sur le principe de neutralité et de laïcité scolaire ; ce même principal, après négociations avec les familles, obtient quelques jours plus tard que les jeunes filles enlèvent leur voile à l'intérieur de l'établissement. Mais les médias se sont emparés de ce qui deviendra « l'affaire du foulard islamique » et le débat a été lancé. Lionel Jospin, ministre de l'Éducation nationale, sollicite l'avis du Conseil d'État qui statue sur le fait que l'expression de convictions religieuses, si elle n'est pas « un acte de pression, de provocation, de prosélytisme ou de propagande[1] » et permet le déroulement paisible des activités, est autorisée à l'école.

Pourtant, la polémique ne cesse d'enfler. Cette décision du Conseil d'État ne suffit plus. Le ministère de l'Éducation Nationale prend position au moyen

1. Assemblée générale du Conseil d'État, *avis n° 346-893*, séance du 27 novembre 1989, consulté le 20 février 2019.

de la circulaire du 12 décembre 1989 qui rappelle les principes fondateurs de l'École de la République et en particulier celui de la laïcité. Dans cette circulaire, les principes de la liberté de conscience et de celle de croire ou pas, sont confrontés à la notion de « communauté éducative », qui semble restreindre leur champ d'action. La responsabilité de la décision à prendre incombe aux établissements. Ils doivent veiller à pouvoir « se prémunir » de toute difficulté grâce à leur règlement intérieur. Le Ministère invoque de grands principes (laïcité, liberté de conscience…) et demande aux établissements de favoriser avant tout le dialogue pour mieux appliquer le principe de laïcité[1]. Formule laconique qui revient à demander aux chefs d'établissements de prendre leurs responsabilités et de les assumer.

Cet événement a ébranlé le principe de neutralité et de laïcité scolaire. Les réponses de fond apportées par l'institution scolaire semblent avoir été inadéquates.

La première mesure fut la création d'un enseignement du fait religieux dès 2002, son but étant de rendre du sens aux enseignements, en favorisant le « vivre ensemble », en travaillant sur des questions de fond en lien avec le multiculturalisme et l'intégration dans l'École de la République. Dans les faits, la mise en place fut difficile et peu efficiente.

La seconde fut la loi de 2004, sur l'interdiction du port de signes religieux à l'école pour les élèves. Nous proposons un focus sur cet instant de « l'enseignement du fait religieux », en tant que nouvelle et originale tentative institutionnelle pour donner du sens aux enseignements et créer du lien. Il s'agira pour nous d'établir ce qui a pu dysfonctionner, à travers une brève étude de cet enseignement.

1. Extrait de la circulaire du 12 décembre 1989 : « La laïcité, principe constitutionnel de la République, est un des fondements de l'école publique. À l'école comme ailleurs, les croyances religieuses de chacun sont affaire de conscience individuelle et relèvent donc de la liberté. Mais à l'école, où se retrouvent tous les jeunes sans discrimination, l'exercice de la liberté de conscience, dans le respect du pluralisme et de la neutralité du service public, impose que l'ensemble de la communauté éducative vive à l'abri de toute pression idéologique et religieuse… Il incombe en droit aux conseils d'école, compte-tenu du règlement-type départemental arrêté par l'Inspecteur d'académie, et aux conseils d'administration des collèges et lycées, de fixer, en cas de besoin et au regard des comportements individuels et collectifs appréciés localement, les modalités d'application des principes qu'il a dégagés. »

L'enseignement du fait religieux

Tels sont les réflexions, les situations, les événements qui ont poussé des individus et des institutions, et en particulier l'Éducation nationale, à s'intéresser de nouveau à la culture religieuse.

Cette interrogation touche aussi les partisans historiques de la laïcité, à tel point que dès 1982, la très laïque Ligue de l'enseignement et de l'Éducation permanente souhaite introduire l'étude du fait religieux dans l'école publique et en particulier l'étude des textes fondateurs des grandes religions :

> *La démarche laïque ne saurait faire abstraction de ce qui a compté dans l'histoire humaine, aussi l'École n'a pas à être sourde et aveugle à l'histoire des civilisations et à la connaissance du fait religieux comme de la laïcité. La connaissance et la compréhension de l'histoire des religions, des effets de leurs pratiques dans la société dans les domaines culturels, sociaux et politiques sont nécessaires pour comprendre le monde dans lequel on vit et agir sur lui*[1].

Au début du XXe siècle, dans notre pays majoritairement catholique, la connaissance des éléments de culture et de tradition chrétienne était vivace et transmise par les familles, l'école et la catéchèse. L'opposition laïque-religieux, associée aux profonds bouleversements politiques, économiques et sociaux de l'après Seconde Guerre mondiale, ainsi que la sécularisation progressive de la société française seront le terreau fertile dans lequel pourra croître l'inculture religieuse. Chassées de l'Éducation nationale, les sciences religieuses se réfugieront alors dans les facultés catholiques. Certains intellectuels s'insurgeront contre cette situation, tel P. Ricœur :

> *Il est incroyable que dans l'enseignement public, sous prétexte de laïcité* […], *on arrive à ce paradoxe que les enfants connaissent beaucoup mieux le panthéon grec, romain, égyptien que les prophètes d'Israël ou les paraboles de Jésus* […]. *Or ces textes ont fondé notre culture, bien davantage que la mythologie grecque* […]. *Il n'est pas normal, encore une fois, que les élèves n'aient pas accès à leur propre passé, à leur propre patrimoine culturel,*

1. Jean-Michel Ducomte, Pierre Tournemire, « La laïcité un bien commun, une démarche, une construction permanente ». Document remis à la commission sur l'application du principe de laïcité dans la République, novembre 2003.

lequel comporte, outre l'héritage grec, les sources juives et chrétiennes[1].

Pierre Garrigue, pour la première fois, en 1986, signalait la difficulté en privilégiant une approche historique de ce phénomène. En mesurant les effets de cette rupture entre culture et religion, il s'interroge :

> *Comment, sans un minimum de culture religieuse, relier le présent au passé et accéder à une mémoire collective tissée de représentations religieuses, comprendre l'organisation politique, économique et sociale des sociétés anciennes qui fondaient sur la religion tous les actes de la vie quotidienne ? Les programmes ne sont pas en cause... mais la possibilité de les mettre en rapport avec une culture personnelle sans laquelle les connaissances qu'ils apportent demeureraient vides de sens*[2].

Il pousse le questionnement en se demandant :

> *Est*[-il] *possible, souhaitable, aux fins de l'enseignement, de séparer dans l'approche du fait religieux, d'une part, ce qui relève d'une histoire culturelle et sociale des hommes* [...], *d'autre part, ce qui constitue le domaine « réservé » de la conscience individuelle et de l'expérience religieuse proprement dite ? Peut-on évoquer des comportements personnels ou collectifs d'ordre religieux sans connaître et sans s'efforcer de comprendre les valeurs qui les inspirent ?*[3]

Nous décelons ici, en germe, l'idée que, pour cerner la compréhension du « fait religieux », nous devons en pénétrer l'âme et ce qui lui en donne de l'épaisseur. Ici se situe toute la tension que l'étude de ce même « fait religieux » va susciter. Car l'enseignant laïque devra sans cesse veiller à rester à la frontière entre « l'intérieur » et « l'extérieur » de ce concept de « religieux ». Cette position est-elle possible ? Est-elle souhaitable ? Là réside toute la spécificité du « religieux » qui interpelle, car, si les manifestations sont historiques, politiques, culturelles, il n'en demeure pas moins le sujet de l'âme et de l'intériorité.

1. Paul Ricœur, (1995). *La Critique et la conviction : Entretiens avec François Azouvi et Marc de Launay*, Calmann-Lévy, Paris, 1995, p. 196-197.
2. Pierre Garrigue, « Le christianisme fait-il partie de notre histoire ? », *Le Monde de l'Éducation*, novembre 1986.
3. *Ibid.*

Ce constat d'inculture religieuse gagne en légitimité et se voit projeté dans l'espace public, dès 1989, avec le rapport demandé par Lionel Jospin, alors ministre de l'Éducation nationale, pour effectuer une étude sur l'enseignement. Ce paragraphe marquera les esprits :

> *Nous avons assisté depuis un quart de siècle en France à l'effacement du religieux institutionnel : le vocabulaire et les notions concernant les institutions, les pratiques et les doctrines ne disent plus rien à nos élèves. C'est donc un pan entier de notre mémoire collective qui est menacé. L'ignorance du religieux risque d'empêcher les esprits contemporains, spécialement ceux qui n'appartiennent pas à une communauté religieuse, d'accéder aux œuvres majeures de notre patrimoine artistique, littéraire et philosophique*[1].

Petit à petit, l'intérêt pour cet enseignement va évoluer grâce à l'actualité. Si la première raison reste l'inquiétante inculture religieuse des élèves qui menace « un pan entier de notre patrimoine culturel » (Joutard), les crispations autour du foulard islamique (dès 1989 avec l'affaire de Creil), mais surtout les événements du 11 septembre 2001, vont précipiter les réactions et contribuer à envisager l'enseignement du fait religieux comme un facteur de lien social, et de cohésion sociale. Une réponse au besoin de donner des repères, et la recherche d'une éthique et d'une morale pour une société en quête de sens constitueront des motivations supplémentaires en faveur de cet enseignement.

En février 2002, le rapport de Régis Debray, mandaté par Jack Lang alors ministre de l'Éducation nationale, a constitué un tournant en matière d'étude du « fait religieux » et constituera une véritable révolution culturelle. J. Lang (2002) le confirmera en écrivant : « L'évolution de la société impose un renouvellement de cette approche du fait religieux, sous peine de voir des pans entiers de la culture mais aussi des valeurs qui sous-tendent la solidarité civique échapper à la compréhension des générations à venir. »

Le rapport Debray envisage l'étude du « fait religieux » comme un moyen privilégié pour rendre aux jeunes générations les clés de lecture de leur passé, mais aussi de leur présent. En effet, cette connaissance permet l'enseignement du vivre ensemble par l'intermédiaire de l'éducation civique, mais constitue également un rempart contre toute forme d'intégrisme et d'extrémisme dans une société multiculturelle.

1. Philippe Joutard, (1989). *Rapport de la mission de réflexion sur l'enseignement de l'histoire, la géographie, les sciences sociales*, ministère de l'Éducation nationale, 1989.

Néanmoins, vingt ans après l'impulsion donnée par le rapport Debray au « fait religieux », force est de constater que nous sommes bien loin des espérances que portait ce texte. La formation des enseignants et le travail transdisciplinaire, qui étaient les pièces maîtresses de cet ouvrage, n'ont pas pu se mettre en place avec l'ampleur souhaitée et de manière efficiente. En effet, ces deux supports sont, pour des raisons de lourdeur institutionnelle, probablement parmi les défis majeurs de l'Éducation nationale. Le manque de moyens, d'heures, de structures, de temps et de désir contribue à leur fragilité. Il n'était donc pas imaginable de s'appuyer sur eux pour motiver l'enseignement du « fait religieux ».

Mais nous pouvons aussi nous interroger sur cette impulsion donnée par le Ministère. Les orientations des programmes étaient-elles suffisamment judicieuses pour être efficaces ? Car en choisissant d'aborder le « religieux » par les « faits », donc comme un objet, le rapport Debray a choisi de transmettre les religions sans parler de religion vécue de l'intérieur, ni même de religion tout court. L'impact de cette étude du fait religieux est dévié de son but car elle ne porte pas sur l'homme religieux, les « faits » étant séparés de leurs sources.

Cette vision réductrice de la religion, qui évacue la question anthropologique, celle de la pleine dignité et de la destinée de l'être humain, est vouée à l'échec, car la religion est d'abord une expérience humaine.

La loi de 2004

L'autre réponse institutionnelle se situe sur le plan formel et juridique tout en revêtant un caractère coercitif. Il s'agit de la loi du 15 mars 2004[1] qui interdit le port de signes religieux ostentatoires dans l'école par les élèves. La première difficulté que soulève cette question se résume par « l'option prise par le ministère d'adosser systématiquement la présentation du principe (de laïcité) sur le droit[2] ». C'est ainsi que, lors d'une journée de formation sur la laïcité à Nice en 2016, Emmanuel Tice rappelle :

> *Le principe de laïcité est inscrit dans le préambule de la Constitution de 1946 et dans l'article 2 de la Constitution de*

1. Aux termes du premier alinéa de l'article L. 141-5-1 du *Code de l'éducation* : « Dans les écoles, les collèges et les lycées publics, le port de signes ou tenues par lesquels les élèves manifestent ostensiblement une appartenance religieuse est interdit. »
2. Françoise Lorcerie et Benjamin Moignard, « L'école, la laïcité et le virage sécuritaire post-attentats : un tableau contrasté », *Sociologie* n° 4, vol. 8, 2017.

1958. Il est au cœur de l'identité républicaine de la France. Il s'agit du socle fondateur de notre école qui est le lieu de transformation de la société... Elle est le creuset où se forgent les valeurs communes.

La loi du 15 mars 2004 renvoie à la mission républicaine de l'école, en réaffirmant sa mission d'instruction au service de la construction du citoyen. Elle affiche aussi, puissamment, une réelle démarcation entre l'espace public et celui privé en même temps qu'elle souligne que l'école est une institution publique. Mais ces points ne remportent plus l'adhésion de tous, en particulier celui de la mission d'instruction civique.

La société française semble être en panne de projet d'intégration : les promesses républicaines ont perdu leur éclat et cédé la place à la suspicion. Dans ces conditions la notion de citoyen s'estompe et perd de sa force et de son sens. Il semble inadapté de prendre une mesure en décalage avec la réalité.

À ce sujet, il est tout à fait surprenant que les discours de l'époque (et ceux actuels) ne se soient cristallisés que sur l'autorisation ou l'interdiction de porter le voile, donnant au foulard islamique une validité en tant que signe religieux, sans s'interroger sur la réalité de ce signe. Si ce travail de réflexion avait eu lieu, nous aurions sans doute pu constater que le port du voile ne correspond en rien à une prescription religieuse. Un travail de retour aux fondements, c'est-à-dire au texte coranique dans sa langue d'origine, permet de constater que cette prescription ne se trouve nulle part. Elle ne correspond qu'à une interprétation salafiste du texte religieux qui n'apparaîtra que dans les premiers siècles de l'islam. En cela, nous nous rapprochons de l'expertise de R. Adnani et d'Y. Aberkane (2017)[1]. Ce travail de formation et d'information, qu'il soit en direction des enseignants ou des jeunes, fait cruellement défaut. Nous ne pouvons qu'en constater les terribles conséquences. Le foulard est devenu un symbole, l'interdire semble avoir eu comme effet le durcissement de l'Institution et la spirale de l'enfermement communautariste, accompagné d'une montée en puissance des revendications identitaires.

Ainsi, à partir de 1989, à la suite de l'affaire du foulard islamique de Creil, les tensions et revendications dans l'école ont permis aux débats sur la laïcité de revenir sur le devant de la scène médiatique, accompagnée d'une réflexion et de prises de positions sur la question de l'intégration des populations issues de l'immigration dans la société française. La visibilité de l'islam dans la

1. Colloque conclusif du séminaire (2015-2017) *États, religions, laïcité : les nouveaux fondamentalistes. Enjeux nationaux et internationaux*, au Collège des Bernardins, le 15 mars 2017.

société française interroge de nouveau sur la place du religieux dans l'espace public. Dès lors, « comment faire tenir la neutralité de l'État en matière de religion, la séparation du pouvoir politique et du pouvoir religieux, la liberté de conscience, la liberté du culte, l'égalité de tous les citoyens[1] ? » Pour réponse, la République recourt à la loi[2].

Force est de constater que ces mesures ne semblent pas avoir eu l'effet escompté pour répondre à ces pressions exercées de l'intérieur de la structure scolaire. En effet, non seulement les foulards islamiques n'ont pas disparu des abords des établissements scolaires, mais les revendications identitaires se sont multipliées. La violence n'a pas pu être endiguée, mais s'est accrue jusqu'aux manifestations que notre société connaît depuis les attentats de 2015. Ces derniers constituent des événements extérieurs à l'école, qui ont violemment remis l'école républicaine en question dans sa mission de former des citoyens.

Face à toutes ces revendications, la réponse de l'institution scolaire ne varie pas. Il s'agit de se replier sur les valeurs de la République et d'y inclure la laïcité, même si les jeunes ne se les sont pas appropriées et ne se reconnaissent pas dans la laïcité proposée.

Il apparaît donc ici que la laïcité française reste profondément marquée par son histoire qui continue à parasiter le rapport au religieux et aux religions, particulièrement au sein de l'institution scolaire. Les appels et rappels constants concernant la laïcité se transforment souvent en phénomènes incantatoires.

Il serait intéressant de s'interroger sur la laïcité apaisée des établissements catholiques sous contrat, conciliant à la fois une affirmation forte de leur propre identité et une ouverture à la diversité culturelle et religieuse fondée sur les valeurs évangéliques et le dialogue interreligieux. De la même manière une approche anthropologique du phénomène religieux permettrait sans doute à l'institution scolaire d'entamer un processus de réconciliation avec son histoire et de construction d'un espace de « vivre ensemble » réellement laïque.

M.P.

1. Jacqueline Gautherin, « Le "modèle républicain" en France : un modèle sous tensions », *Histoire, monde & cultures religieuses* n° 32, Karthala, Paris, 2014, p. 43-53.
2. Nous pensons ici à la loi du 15 mars 2004 qui encadre le port de signes religieux à l'école, et à celle du 11 octobre 2010 qui interdit la dissimulation du visage dans l'espace public.

■ ***Magali PIRON*** Mariée, mère de huit enfants. C.P.E. de l'enseignement public en retraite, Chargée de cours à l'Institut Catholique, Docteur en Sciences sociales, Laïque consacrée de la Communauté catholique Shalom

Note de la rédaction : Petite mise au point sur le mot « laïc »

Le terme de « laïc » vient de l'adjectif latin *laicus*, lui-même issu du grec *laikos*, dérivé du nom commun *laos*. Ce mot *laos* est ancien, puisqu'il remonte à Homère, où il désigne une foule, notamment celle des guerriers. Dans la traduction grecque des textes de l'Ancienne Alliance par les Septante, il signifie la foule des fidèles juifs, par opposition aux prêtres et aux lévites. Le Nouveau Testament, héritier de la langue des Septante, emploie très majoritairement *laos* pour désigner le peuple d'Israël, mais aussi le nouveau peuple qui accueille les paroles de Jésus, ainsi que l'ensemble des peuples de la terre.

L'adjectif *laikos* n'apparaît qu'à l'ère chrétienne, où il désigne tous les fidèles chrétiens par opposition à ceux qui ne suivent pas le Christ, mais aussi les fidèles par opposition aux prêtres ou aux évêques, ou bien aux moines. Dans l'Église latine, *laicus*, plus tard en vieux français *lay*, garde la même acception de fidèle qui n'est pas prêtre (ou clerc) ni moine, mais il possède aussi le sens courant de personne inculte, et désigne notamment celle qui ignore le latin, langue de la liturgie et des règles canoniques de cette Église. On ne peut dire que le terme du latin médiéval, *laicus*, soit majoritairement négatif : il a en fait deux sens distincts, l'un précis et descriptif, l'autre courant et péjoratif.

■ ***Jacques-Hubert SAUTEL*** Helléniste, spécialiste de la littérature grecque du temps du Christ, a publié une traduction du livre VI des *Antiquités romaines* de Denys d'Halicarnasse, aux éditions des Belles Lettres, en 2016.

L'IDENTITÉ DE L'ENSEIGNEMENT CATHOLIQUE AU RISQUE DU CONTRAT D'ASSOCIATION

PIERRE-HENRI BEUGRAS

Le 31 décembre 1959, la loi sur l'association d'établissements privés avec l'État, dite loi Debré 59, est votée à l'Assemblée nationale. Suscitant de nombreux débats souvent houleux, elle est censée, au-delà d'une question purement scolaire, mettre un terme qui se veut définitif à la « guerre » entre les « laïcards » et les « cathos » ou entre cléricaux et anticléricaux. Cette initiative politique était due au général de Gaulle qui avait demandé à Michel Debré de la mettre en place. Ils veulent à la fois réconcilier les « deux France » et maintenir l'unité du système scolaire français centralisé, fondé sur l'Université et dénommé « École de la République ».

Le contrat d'association peut légitimement être considéré comme une singularité française, au même titre que son système éducatif. La dénomination « École de la République » a une connotation politique. Elle se définit par opposition à un Ancien Régime où l'école était tenue par l'Église ; elle se définit aussi comme laïque mais d'une laïcité de combat contre l'Église plutôt que d'une laïcité de neutralité ; elle se donne mission de faire des citoyens, des progressistes pouvant éclairer l'humanité entière au-delà des frontières de la nation. Il n'y a donc pas une synonymie complète entre école de la République et école publique. Ce dernier terme « publique » se définit par la distinction entre l'initiative privée et l'accessibilité à tous d'un service public que l'État se doit d'assurer par souci d'équité, sans autre but politique. En France, à la veille de la loi Debré, l'initiative éducative et scolaire strictement privée et sans motif religieux est marginale à l'inverse du monde anglo-saxon. Nous pourrions avoir affaire à un enseignement où, à côté d'écoles privées d'identités différentes y compris religieuses, existerait un enseignement public dont l'identité se bornerait à permettre l'accessibilité à tous ceux n'ayant pas les moyens financiers d'assurer la scolarité de leurs enfants dans les établissements privés là aussi comme dans les pays anglo-saxons, telle n'est pourtant pas la situation en France.

Jusqu'en 1959, le système scolaire français se présentait sous deux formes dont une faible et marginale : il y avait l'enseignement public, ou encore l'École de la République et, par ailleurs, des établissements privés que la loi Falloux (15 mars 1850) avait reconnus, mais qui, sans subventions publiques – ou presque – vivaient difficilement à côté d'un enseignement gratuit. La loi Falloux fut clairement conçue pour sauver l'enseignement catholique qui avait encore à l'époque une grande influence et une réelle solidité. L'anticléricalisme fit de l'abolition de cette loi un enjeu de sa lutte contre l'influence de l'Église. C'est donc à cette problématique – ô combien difficile – que la loi Debré va s'attaquer.

Du côté de l'Église, la perspective d'une nouvelle loi plus accueillante à l'enseignement chrétien est plutôt bien vue, sans pour autant déchaîner l'enthousiasme. Au seuil des années 1960, il se trouve que cette loi commence à s'appliquer au moment où se réunit le concile Vatican II (1962-1965), dont on sait les conséquences. Comme le montre G. Cuchet dans son livre *Comment notre monde a cessé d'être chrétien*[1] et comme l'avait aussi déjà suggéré le père Bouyer en 1968 avec son livre *La décomposition du catholicisme*[2], la décennie 1960/1970 a vu l'Église catholique en France soumise à une crise majeure de la pratique et des vocations. De ce fait, l'enseignement catholique français a vécu et vit toujours avec le contrat d'association, une crise d'identité et un « effet ciseau » du fait de cette conjonction initiale : loi Debré – concile Vatican II. S'est ajouté à cette problématique le déploiement du plan Langevin / Wallon[3] qui devait

1. Guillaume Cuchet, *Comment notre monde a cessé d'être chrétien. Anatomie d'un effondrement*, Seuil, Paris, 2018.
2. Louis Bouyer, *La décomposition du catholicisme*, Aubier-Montaigne, Paris, 1968.
3. Paul Langevin (1872-1946) et Henri Wallon (1879-1946) : compagnons de route du Parti communiste français, ils ont conçu le plan d'un nouveau système éducatif, dont l'essentiel des réformes de la seconde moitié du XXe siècle sont issues.

conduire le 11 juillet 1975 à la loi Haby, du nom du ministre de l'Éducation de l'époque, instaurant le collège unique qui ratifiait une massification scolaire jamais vue jusqu'alors.

Nous tenterons dans cet article de comprendre l'enjeu du contrat d'association et de son environnement pour la mission enseignante de l'Église et l'école en France.

Situation à la veille du 31 décembre 1959

Au XXe siècle, la France va passer à un enseignement de masse avec un prolongement jusqu'à seize ans de l'école obligatoire et, après la Seconde Guerre mondiale, à une explosion scolaire due au « baby-boom ». Le nombre d'élèves et étudiants passe de 6 500 000 en 1945 à près de 15 millions au début des années 2000. De ce fait, l'État a besoin de l'enseignement privé catholique pour faire face à cette situation. Comme l'absence quasi complète de subventions publiques le précarisait, il devient nécessaire de trouver des solutions pratiques. Il est à noter que de plus en plus de laïcs enseignent dans les établissements catholiques et que leur salaire est bien plus élevé que celui des prêtres, religieux et religieuses… Un long chemin va donc s'ouvrir de la fin de la guerre jusqu'à la loi Debré 1959 pour trouver une solution acceptable pour le financement public des établissements privés, alors qu'ils sont pratiquement tous catholiques.

Il ne s'agit pas seulement de traiter une question de statut privé/public et le passage à l'enseignement de masse, mais aussi de réparer une déchirure entre la France catholique et la France laïque, qui, si elle donnait l'impression de s'atténuer un peu, était encore prégnante et le demeure aujourd'hui, même si les deux « camps » sont devenus numériquement exsangues. À la veille de l'élaboration de la loi Debré 59, les antagonistes s'arment pour défendre leur cause, c'est-à-dire leur conception de l'école : d'un côté les centristes du MRP (Mouvement républicain populaire) démocrates-chrétiens, la droite du CNI (Centre national des indépendants), les gaullistes du RPF (Rassemblement du peuple français), de l'autre, à gauche, le puissant syndicat de la FEN (Fédération de l'éducation nationale, 1948-2000) et le CNAL (Comité national d'action laïque) créé en 1951, spécialement pour la « guerre scolaire » et qui, bien qu'affaibli, existe encore aujourd'hui. Cette guerre scolaire s'appuie sur un laïcisme anticlérical face à un ultramontanisme (doctrine donnant à Rome une primauté non seulement doctrinale et spirituelle mais aussi juridique et politique) déjà désuet mais marquant l'esprit des laïcards comme une menace constamment présente dans l'Église catholique.

Cependant cette atmosphère de conflit cache une volonté réciproque de dépasser cet antagonisme. Des contacts existent entre l'ensemble des protagonistes et principalement la hiérarchie ecclésiale. Mais ce qui est en jeu est un rapprochement culturel. Ce rapprochement suppose un travail sur l'identité réciproque des deux écoles. Du côté de l'Église, le courant démocrate-chrétien centriste européen est devenu, depuis la guerre, sa culture politique dominante. Cette évolution est due principalement à Jacques Maritain, extrêmement proche intellectuellement et amicalement du pape Paul VI, et aussi à Jean Monnet et surtout à Robert Schuman. De fait, l'Église s'est ainsi éloignée d'une image purement réactionnaire qu'elle a eue longtemps et souvent. Du côté de l'école publique, le terrain n'est pas si opposé à une association que le prétend le camp laïc. La réalité culturelle du catholicisme et la morale qu'on peut en déduire marquent l'École de la République, comme en témoignait la « lettre aux instituteurs » du 17 novembre 1883 où Jules Ferry évoque la morale du «*père de famille*» et la «*sagesse du genre humain*». De plus, la forme scolaire, conçue par Jean-Baptiste de la Salle notamment, a d'évidentes similitudes avec l'École de la République. Ces convergences créaient, après la reconnaissance de la République par l'Église symbolisée par le toast d'Alger[1], les conditions d'une association. Cependant le pas à franchir pour tous les protagonistes est considérable. Comme nous allons le voir maintenant, il n'est pas certain que les uns et les autres, et en particulier l'Église de France, en aient mesuré les conséquences…

La loi Debré 59

La loi Debré du 31 décembre 1959 veut établir un équilibre et cherche un compromis. L'équilibre à trouver se situe entre l'acceptation du rôle d'éducateur de l'État et la liberté d'enseignement. L'État éducateur est le marqueur fort du système scolaire français. Comme l'Ancien Régime s'était appuyé sur l'Église enseignante pour fonder sa légitimité auprès du peuple, la République et les courants qui la traversent assignent à l'école des buts politiques allant du patriotisme avec Jules Ferry au progressisme scientiste ou marxiste, ou plus récemment à la configuration des formations à l'ordre capitaliste, au *wokisme*, voire au transhumanisme. C'est du côté de la liberté d'enseignement que les choses sont les plus complexes. Celle-ci fut revendiquée par la Révolution contre le monopole de l'Église, cette dernière la revendiqua à son tour en mettant en avant le rôle de la famille, dès qu'elle eut compris qu'elle ne retrouverait sans doute pas son monopole. Au milieu de ces revendications, les écoles

1. Le 18 novembre 1890, le cardinal Charles Lavigerie, archevêque d'Alger, lève son verre devant les officiers présents en disant: « Quand la volonté d'un peuple s'est légalement affirmée […], il faut l'adhésion à cette forme de gouvernement. »

nouvelles, de Pestalozzi à Edmond Desmolins en passant par Freinet, tentèrent d'arracher l'école à une instrumentalisation politique. L'école nouvelle comporte de grands chrétiens comme Maria Montessori ou le père Faure. C'est de ce courant que vient l'idée de placer la personne de l'élève dans sa singularité au cœur de l'école, c'est-à-dire de rejeter une autre finalité que l'édification et l'émancipation de la personne. Ainsi dans le système scolaire français existe une manifestation tangible de ce qu'on pourrait nommer d'authentiques écoles libres centrées sur l'établissement et son projet. La grande majorité de ces établissements n'entreront pas dans le contrat justement par crainte d'être digérés par le système. Elles vont anticiper ainsi l'émergence et le développement d'établissements dits « hors contrat » de la fin des années 1990 à nos jours, alors que le contrat a été pensé pour assurer la liberté d'enseignement.

Il s'agit donc pour cette loi de permettre, par un financement public, l'exercice réel de la liberté d'enseignement qui deviendra un droit constitutionnel en 1977. Au moment de l'étude du projet de loi, l'enseignement privé représente en France 17,5 % des élèves, chiffre non négligeable, rendant la perspective d'une nationalisation politiquement et économiquement dangereuse.

La loi Debré propose quatre solutions aux établissements privés :
- L'absence de liens avec l'État (le hors contrat).
- L'intégration pure et simple à l'enseignement public.
- Le contrat simple où l'État se limite à la rémunération des enseignants et laisse à l'établissement une large autonomie.
- Le contrat d'association où l'établissement bénéficie, en plus de la prise en charge du salaire des enseignants, d'une prise en charge financière plus complète de ses dépenses par le biais d'un forfait d'externat calculé sur la base du coût d'un élève dans l'enseignement public, hors rémunération des enseignants.

Cette quatrième solution est celle qui a été choisie *in fine* le plus massivement.

Néanmoins le contrat d'association n'est accordé que si l'établissement scolaire correspond à un besoin reconnu. Cet élément très vague est fait pour éviter une concurrence avec l'enseignement public qui doit, dans l'esprit du législateur, rester la norme pour que l'équilibre État éducateur / liberté d'enseignement existe suffisamment pour éviter que l'un des deux « camps » s'estime vaincu ou humilié. Cette notion de besoin scolaire reconnu va être un puissant frein au développement de ce qui va devenir l'enseignement sous contrat d'association. De surcroît, ce sont le ministère et les rectorats qui vont déterminer ce « besoin scolaire », ils sont donc juges et parties en la matière. Ainsi, si le contrat d'association va permettre aux établissements privés qui vont le choisir de subsister, voire de se développer, il va largement paralyser la création d'établissements nouveaux. De ce fait, depuis plus de soixante ans, l'enseignement sous contrat se trouve borné à un pourcentage avoisinant les 20 % d'élèves au niveau national. En revanche, plus d'un élève sur deux en France (près de 60 %) passant à un moment ou un autre dans l'enseignement sous contrat, on peut imaginer ce qu'aurait été son développement sans ce frein. Au fil du temps, le « besoin scolaire reconnu » s'est réduit à une question de capacité d'accueil de l'enseignement public, et non à des besoins scolaires spécifiques ou « propres » exprimés par les familles. La mesure sera donc utilisée de manière aléatoire et toujours en vue de conserver l'écrasante majorité des élèves dans l'enseignement public, piétinant ainsi le principe de liberté d'enseignement.

Les conditions du contrat d'association

Le contrat s'adresse à un établissement privé dont l'activité dépend du ministère de l'Éducation nationale. Est privé l'établissement ouvert et géré par un particulier ou une association conformément à la loi Falloux de 1850[1].

Cependant, bien que dépendant du ministère de l'Éducation, l'enseignement supérieur privé fut exclu du bénéfice de la loi Debré.

Ainsi nous pouvons constater que l'acceptation de la liberté d'enseignement est singulièrement limitée. L'État contrôle ainsi le système éducatif par le haut, l'Université, depuis Napoléon, sans que la loi Debré écorne ce principe, d'où l'exclusion de l'enseignement supérieur. Ce contrôle n'est donc pas seulement la défense de celui-ci comme bien public, mais le moyen d'avoir une influence politique sur les programmes, les enseignements et les enseignants. Ainsi en acceptant le contrat d'association, l'Église devait assumer le risque d'être influencée par les courants politiques traversant le système scolaire français.

Les conditions requises pour établir un contrat d'association sont au nombre de trois :

- Un délai de fonctionnement : ouverture de l'établissement depuis au moins cinq ans.
- La qualification des maîtres : titres et capacités requis pour l'enseignement.
- La salubrité des locaux : des installations appropriées au fonctionnement de classes.

1. Toute personne âgée d'au moins 25 ans, au casier judiciaire vierge, disposant des diplômes requis et ayant enseigné au moins cinq ans, est autorisée à ouvrir un établissement scolaire.

Il est donc nécessaire de tenir sans subventions au moins cinq ans et d'avoir le plus rapidement possible un nombre d'élèves équivalent au public. De ce fait la massification croissante de l'enseignement va transformer les établissements catholiques. À titre d'exemple, le collège Stanislas va passer de mille deux cents élèves à près de quatre mille en une dizaine d'années. Cette massification va profondément changer l'identité de bon nombre d'établissements catholiques. Dans la pratique, l'enseignement catholique s'appuiera sur des établissements existants pour abriter administrativement les classes des futurs établissements. En effet la loi prévoit que le contrat peut s'appliquer sur une partie ou totalité des classes de l'établissement. De ce fait, l'enseignement catholique va se donner une administration qui doublera celle de l'Éducation nationale, dans laquelle le contrat fait pratiquement entrer les établissements catholiques.

On voit dans ce système la nécessité pour les établissements de se lier à la structure globale de l'enseignement catholique. Ainsi bon nombre d'établissements hors contrat souhaitant l'association restent sous leur statut, faute de pouvoir sortir de la spirale du délai de fonctionnement et du besoin scolaire justifié par le nombre d'élèves. Nous voyons donc que la loi Debré, même si elle ne le dit pas, a été faite pour ceux des établissements catholiques qui pouvaient faire face aux conditions requises par la loi, du fait de leur réseau.

Vient ensuite la question de savoir qui est le contractant avec l'État. La loi établit le contrat avec l'établissement, non avec « l'enseignement catholique », ce qui occasionne beaucoup de réticences chez les évêques. Le signataire principal du contrat est le chef d'établissement, qui incarne son institution et, conformément à la loi Falloux, l'a ouvert en son nom propre. S'y ajoute l'organisme de gestion et le propriétaire des lieux. Ce dernier, s'il souhaitait affecter son bien immobilier à une autre fin que l'enseignement doit en référer au préfet qui pourrait, en constatant la disparition de l'objet de l'enseignement, considérer le contrat comme caduc. La loi donne une indépendance aux établissements vis-à-vis de la structure de l'enseignement catholique et de l'Église de France. De ce fait, l'Église n'aura de cesse que de reprendre le contrôle par des statuts qu'elle promulguera. Ces statuts tendent à faire fonctionner sur le plan administratif l'enseignement catholique sous contrat selon le même modèle que celui de l'enseignement public. Au fil du temps, cette double administration finira inéluctablement par brider la liberté d'enseignement et à intégrer de plus en plus d'établissements catholiques au système scolaire tel qu'il est conçu en France par l'État, et cela du fait même de l'Église !

S'ajoute à ces points l'autonomie, voire l'indépendance, que peuvent prendre les établissements congréganistes par rapport à l'Église diocésaine, d'autant plus que les congrégations religieuses possèdent un patrimoine immobilier très important. Des dissensions récurrentes vont donc surgir entre les directions diocésaines et les structures congréganistes. Le résultat en sera un empilement de structures aux liens complexes. Quoi qu'il en soit, c'est l'autorité épiscopale qui contrôle par les directions diocésaines les établissements catholiques sous contrat.

Le caractère propre

Pour qu'une association ne soit pas une fusion, chacun des partenaires doit conserver son identité. C'est sur la base de cette évidence que prend racine le « caractère propre ». Nous pouvons constater que cette évidence est contestée par les adversaires de l'enseignement catholique alors même que la loi garantit le caractère religieux des établissements catholiques d'enseignement. Cependant la première obligation du contrat est le respect de la liberté de conscience. Cette obligation ne saurait gêner les catholiques. L'Église vérifie systématiquement le respect de cette liberté de conscience avant la réception des sacrements par les fidèles, notamment le mariage, considéré comme nul si la moindre contrainte est avérée. L'articulation ne pose aucun problème fondamental. Citons ici l'auteur de la loi Debré :

> *L'enseignement privé a un caractère spécifique qui est d'être un enseignement religieux ou plus exactement un enseignement délivré dans des établissements dont le caractère et la raison d'être sont d'être des établissements religieux.* [...] *Il ne peut être question pour l'État d'imposer des transformations aux établissements privés. Tout ce qui touche l'éducation, tout ce qui touche l'instruction complémentaire de l'instruction de base demeure et demeurera ce que les établissements veulent qu'il soit* [...], *l'enseignement de base lui-même sera donc conforme au caractère de chaque établissement*[1].

Citons encore Michel Debré : « Quand on veut une coopération des enseignants, ce n'est pas pour imposer le silence sur les données fondamentales auxquelles croient les enseignants[2]. »

1. Michel DEBRÉ, *Journal officiel* du 24 décembre 1959, débat parlementaire.
2. L'ensemble des citations de M. Debré sont tirées et accessibles dans l'ouvrage de Nicole FONTAINE, *La liberté d'enseignement de la loi Debré à la loi Guermeur*, UNAPEC, Paris, 1978. Nicole Fontaine (1942-2018) est une ancienne présidente du parlement européen, 1999-2002.

Il est précisé que l'enseignant doit évoquer les différentes opinions qu'il expose avec respect et justesse, sans qu'il lui soit interdit de manifester des préférences, sous réserve qu'il n'essaie de les imposer.

L'inspiration de l'enseignement, même profane, peut donc être fondée, dans le cadre du caractère propre, par les croyances des enseignants. En 1959, bon nombre des enseignants de l'enseignement catholique sont encore des prêtres, religieux et religieuses, raison pour laquelle l'Église n'a accepté une association qu'à la seule condition d'un caractère propre s'étendant à l'éducation et à tout l'enseignement et pas seulement la catéchèse. Contrairement à ce qui est répandu, y compris chez les catholiques, le caractère propre est une notion précise garantissant à l'Église de dispenser son enseignement par ses établissements, comme avant la loi Debré ! Cette liberté pédagogique s'étend bien sûr au choix des manuels, à l'exception de ceux qui seraient interdits par le ministère de l'Éducation nationale. Les catholiques sont donc entièrement libres d'éditer leurs propres manuels, ce qu'ils ont longtemps fait. La seule limite est le programme. Louis XIV est au programme de cinquième. Il faut donc l'étudier en cinquième sans qu'aucune « neutralité » ne soit exigée, contrairement à ce qui est demandé aux enseignants du public qui ne se privent pourtant pas d'exprimer leurs opinions politiques et religieuses.

Bien sûr le contrat interdit de faire pression sur les élèves et les familles concernant leurs convictions et de les discriminer de leur fait. La logique de la loi est de garantir l'accessibilité pour tous aux établissements sous contrat, puisque ceux-ci vont bénéficier de fonds publics. « L'ouverture à tous » mise en valeur dans pratiquement tous les projets d'établissements catholiques est donc une obligation légale, ce qui n'empêche pas d'en faire une conviction constitutive de la mission enseignante de l'Église.

Enfin, le décret du 22 avril 1960 précise que le chef d'établissement « assume la responsabilité de l'établissement et de la vie scolaire ». De ce fait, une large aptitude d'organisation des horaires et de la vie scolaire est permise.

Nous voyons ici le caractère révolutionnaire de cette loi vis-à-vis des relations entre l'Église et la République. Cette dernière reconnaît à l'Église le droit de contribuer à une mission de service public sous une forme particulière : le caractère propre. À son tour, l'Église reconnaît à l'État de la République française un rôle légitime en matière d'éducation ; elle reconnaît l'État éducateur. Une loi civile permet donc à l'Église d'exercer sa mission enseignante dont le cœur est religieux : faire connaître Jésus-Christ.

La loi Debré en elle-même ne saurait donc être la cause de l'effacement progressif de l'identité catholique de bon nombre d'établissements. Il faut voir les causes, pour comprendre cet effacement, au sein même de l'enseignement catholique et de l'Église elle-même.

Au seuil des années 1960, comme nous l'avons déjà vu, l'enseignement catholique a encore un nombre significatif de prêtres, religieux et religieuses. Du fait de leurs formations théologiques et profanes, ils peuvent donner une inspiration chrétienne à leur enseignement. Ils ont à leur disposition des manuels écrits et publiés par les leurs. Les congrégations enseignantes sont alors nombreuses et pourvues en vocations. Si les laïcs sont déjà présents, ce sont les clercs qui les influencent, non l'inverse. Ils sont donc en mesure de former et agréger les laïcs à leurs institutions.

En décembre 1959, l'Église est encore forte et la société française imprégnée du christianisme. Elle peut encore penser être capable d'assumer en même temps sa mission d'évangélisation et celle d'un service public qu'elle a déjà assuré dans l'histoire.

Hélas, elle n'était pas aussi forte qu'elle le croyait !

Le déclin et les ruines

Ce que, semble-t-il, personne n'avait vu venir, ce fut l'effet ciseau provoqué par l'effondrement de la pratique religieuse et des vocations entre 1960 et les années 1970 autour du concile Vatican II, sans que l'on puisse le considérer à lui seul comme la cause de ce spectaculaire déclin, et le contrat d'association dont l'application globale s'étendit durant cette décennie. En une dizaine d'années, la quasi-totalité des établissements catholiques passèrent sous contrat avec un nombre assez important en contrat simple, pour finir par une écrasante majorité sous contrat d'association. Dans le même temps, prêtres, religieux et religieuses disparaissent des établissements, alors que la massification scolaire augmentait considérablement le nombre d'élèves, donc le nombre d'enseignants nécessaires au fonctionnement des établissements. Entre 1960 et 1980, le nombre moyen d'élèves par classe est passé de 12 à 30. Les établissements catholiques ont vu leurs effectifs multipliés par trois et parfois quatre, cinq ou six. Des quelque trois cents congrégations qui existaient dans les années cinquante, il n'en reste aujourd'hui qu'environ soixante-dix dont la plupart ne suscitent plus de vocations religieuses, en tout cas en France. C'est le cas, par exemple, des Maristes qui n'ont pas attiré de nouveaux membres depuis près de quarante ans, mais qui exercent encore la tutelle sur un certain nombre d'établissements dont ils sont propriétaires. L'ADDEC[1] diffuse à l'occasion de son congrès annuel une photo de ses membres. On peut y voir une marée de prêtres, religieux et religieuses avec quelques très rares laïcs jusqu'au milieu des années 1960. À partir de 1969, c'est exactement la proportion inverse, et l'inversion s'est produite en moins de quatre ans ! Depuis quinze ans seulement, on peut à nouveau voir sur les photos quelques clercs, mais jamais plus d'une dizaine… Ce sont donc des laïcs, devenus de surcroît agents publics, qui vont influencer les institutions scolaires catholiques.

Bien sûr, l'effondrement du christianisme est visible dans les paroisses et les diocèses. Cependant les établissements catholiques ont toujours des élèves et bien plus qu'en 1960. En revanche, ils n'ont presque plus de catholiques, notamment dans leur encadrement ! Nous sommes donc dans une spirale infernale où l'Église perd pied dans ses propres institutions, ce qui ne s'est jamais produit dans son histoire. L'autre exemple est la structure hospitalière : là aussi l'Église exerçait un monopole, là aussi elle avait une activité coextensive de sa mission évangélique, là aussi les clercs se sont effacés jusqu'à leur disparition complète des institutions hospitalières en France. Dans ce domaine, il ne s'agit plus d'un déclin et de ruines, mais tout juste de traces archéologiques !

Pour l'enseignement, les choses sont différentes. L'Église s'est battue pour conserver et même augmenter le nombre de ses établissements. Des évêques, prêtres, religieux et religieuses, certes devenus peu nombreux, beaucoup de laïcs éducateurs, enseignants, chefs d'établissements, directeurs diocésains, responsables de tutelles déploient une énergie considérable pour la mission enseignante et conserver l'institution.

Cependant toutes ces énergies ne parviennent pas à inverser la tendance. La raison en est que la masse critique de catholiques convaincus et formés n'est globalement plus suffisante dans chacun des établissements. Certaines institutions restent encore dans une position assez favorable sur le sujet de la « masse critique ». Dès lors elles manifestent de « beaux restes », ne pouvant occulter la ruine de l'ensemble. Il se passe encore des choses positives dans ces ruines, elles parviennent même à porter du fruit religieux. Mais les acteurs de l'enseignement catholiques se débattent entre l'administration de l'Éducation nationale et celle de l'Église, et leurs contradictions internes et réciproques.

Au moment de la crise de 1984, où l'enseignement catholique a rejeté le SPULEN (service public unifié et laïc de l'éducation nationale), grâce à une

1. ADDEC : Alliance des directeurs et directrices de l'enseignement chrétien, fondée par l'abbé Mongazon en 1872, plus ancienne structure de l'enseignement catholique.

manifestation massive, assez peu encouragée par l'institution ecclésiale, une fracture est apparue chez les catholiques : d'un côté ceux qui voulaient une autonomie suffisante pour garder les moyens d'assurer la mission évangélique, de l'autre ceux qui considéraient que le caractère propre se définissait essentiellement par la participation au service public. Cette fracture ne s'est jamais résorbée. Dès 1984, une partie du clergé et des institutions dirigeantes de l'enseignement catholique souhaitaient un rapprochement avec l'État repoussé cette année-là, mais partiellement réalisé par les accords Cloupet / Lang[1] en 1993 et la loi Censi en 2005, faisant des enseignants de l'école catholique sous contrat des agents publics. Deux lignes s'affrontent d'une façon ou d'une autre en permanence : celle inspirée par la culture politique dominante actuelle de l'Église, l'européocentrisme, considérant que l'enseignement catholique doit œuvrer en collaborant avec ce qu'on nomme maintenant le « bloc central » selon l'expression d'Emmanuel Macron, pour une société plus juste et pacifique, et les tenants de la Nouvelle évangélisation de Jean-Paul II / Benoît XVI. Ces derniers se trouvent majoritairement dans ce qu'on a nommé les « nouvelles communautés ». Leur vision des choses est plus spirituelle et plus eschatologique que les premiers cités. Cependant leur influence sur l'institution est inversement proportionnelle à leur nombre. Une pensée majoritaire n'est pas forcément dominante. Force est de constater que l'Église de France n'a pas tranché et ne tranchera vraisemblablement pas entre ces deux perspectives qui rendent plus ou moins catholique le paysage de ses structures d'enseignement, d'où l'impression d'une institution en ruine. De ce fait des catholiques s'investissent dans des établissements indépendants dits « hors contrat », religieux ou non. À titre d'exemple, le pourcentage de catholiques pratiquants peut monter à 70 % dans des établissements Espérance-Banlieue et à près de 100 % chez leurs chefs d'établissements dans une institution pourtant officiellement laïque ! Plus de catholiques pratiquants en pourcentage dans des écoles laïques que dans des écoles catholiques sous contrat, n'est-ce pas là le signe inquiétant d'un état de ruine ou pour le moins d'une grave crise d'identité ?

La forme et le fond

Face au constat nécessaire du déclin, il est opportun d'établir des distinctions et de tirer des conclusions :

- **La forme** : la loi Debré dite du contrat d'association ne saurait être considérée comme la cause de la crise d'identité de l'enseignement catholique.

1. Père Max Cloupet (1930-2005) : secrétaire général de l'enseignement catholique de 1984 à 1994 ; Jack Lang : ministre de l'Éducation nationale de 1992 à 1993.

- Si la Constitution garantit la liberté d'enseignement en France, cette liberté n'est vraiment assumée ni par l'État ni par l'Église. Les deux institutions veulent garder un contrôle souvent intrusif dans des établissements au risque de brider, qu'elles le veuillent ou non, leur liberté donc leur créativité. Dans notre système, qu'aurait pu faire Jean-Baptiste de La Salle ?
- L'émergence d'établissements indépendants, dits « hors contrat » devrait interroger l'enseignement public aussi bien que catholique. Alors que le contrat devait permettre l'expression de la liberté d'enseignement, pourquoi voit-on depuis dix ans près de deux cents établissements indépendants apparaître chaque année dont une majorité est composée de laïcs mais où s'investissent un nombre considérable de catholiques ?
- Que dit ce phénomène sur le système scolaire français ?

– **Le fond** : Notre analyse montre une fracture au sein des catholiques qui pourrait se définir ainsi : une évangélisation par « infusion », transformant la société en la rendant plus juste donc censément plus chrétienne, et une évangélisation kérygmatique plus spirituelle espérant préparer par la conversion un autre monde.

Pour la première perspective, si l'on considère que les catholiques sont le thé dans un monde qui serait l'eau chaude, la masse d'eau est telle par rapport au thé que l'on peut craindre qu'elle ne soit même pas légèrement teintée. Pour la seconde perspective, son manque d'influence institutionnelle la stérilise largement. Force est de constater que la « nouvelle évangélisation » n'est pas aussi efficiente qu'espérée et l'est en tout cas moins que « l'ancienne ». Cependant ce dualisme cache un problème théologique. Le passage de l'Église en France d'un lien organique avec l'Ancien Régime à un autre lien avec le centrisme européen, n'est-il pas l'expression d'un cléricalisme politique ancré contaminant le cœur de la mission en conduisant à un oubli du Christ lui-même au bénéfice d'un hypothétique rôle politique dont l'utilité – même sur le plan social – est douteuse ? La notion de cléricalisme est historiquement liée à celle d'une attitude réactionnaire. Mais en quoi un tournant plus progressiste change-t-il les choses ? D'un côté comme de l'autre, le Christ se trouve évincé du centre de la transmission enseignante. Nous avons donc bien affaire à une question théologique concernant la relation de l'Église au monde. Cette dernière est la voie de la rencontre avec Jésus, or il semble qu'elle est encombrée par d'autres finalités. Jean-Paul II, dans un contexte historique et social différent (la Pologne communiste) nous a replacés au cœur de l'évangélisation mais nous avons manifestement du mal à nous y tenir. L'ambigüité de la relation au monde est montrée par Jacques Maritain dans son livre sorti en 1966 chez Desclée de Brouwer : *Le Paysan de la Garonne*. Il montre les deux versants de la notion : celui où le Christ a tellement aimé le monde qu'il a donné sa vie pour son salut, celui marqué par Satan « prince de ce monde ». C'est là qu'on comprend les trois tentations du Christ au désert : la tentation de transformer les pierres en pain, de s'emparer de la conscience humaine en sautant du pinacle du Temple et enfin de se prosterner devant Satan pour régner sur le monde. Ces tentations ne sont pas seulement celles du Christ, mais aussi celles de son Église. Le monde christique est déjà manifesté par l'Église mais nous ne sommes pas encore arrivés à la Jérusalem céleste. Le livre de J. Maritain, soutenu par son ami, le pape Paul VI, est une sévère mise en garde. Nous devons travailler dans le monde, y compris politique, mais en vue de celui qui va advenir faute de quoi nous jouons le jeu du Prince de ce monde, Satan. Comment ne pas voir dans le christianisme progressiste une acceptation de la tentation du pain en croyant que se saisir des problématiques sociales et économiques est le cœur de la mission de l'Église ? Comment ne pas voir dans l'union de tous les peuples de la terre la troisième tentation de passer par un autre chemin que la croix pour établir la paix ? Comment ne pas reconnaître dans la culture politique européocentriste, devenue l'idéologie dominante des catholiques occidentaux (et français en particulier), l'incarnation de cette tentation ? Il est à noter que selon J. Maritain il n'y a pas de démocratie possible sans une masse critique de chrétiens. Or, rapidement les partis démocrates-chrétiens ont vu le nombre de catholiques s'effondrer comme ailleurs et ils finiront, hormis quelques rares exceptions, par perdre le nom même de chrétiens.

Ainsi ce courant politique passera d'un centre de gravité conçu pour faire cesser les guerres entre les nations occidentales de l'Europe chrétienne à une machine pour produire la mondialisation forcée et la restructuration continue du capitalisme, aux antipodes de l'humanisme intégral et de l'universalisme portés par l'Église et dont J. Maritain s'était fait l'interprète. Ainsi, selon les pronostics de celui-ci et du pape Paul VI, toute une part de l'Église catholique occidentale et française en particulier s'est perdue dans le cléricalisme *soft* de l'européocentrisme. Nous voyons clairement l'influence de cette pente dans l'enseignement scolaire où les établissements catholiques se soumettent aux finalités économiques plutôt que mystiques et finissent par se contenter de former des citoyens (ou plutôt des administrés) dociles et politiquement corrects.

Comme vu plus haut, l'Église par le contrat avait pris le risque d'être influencée par les courants politiques traversant le système scolaire français. La réciproque a été partiellement vraie : l'enseignement catholique a influencé le système scolaire par les innovations pédagogiques et éducatives de ses fondateurs. La notion de communauté éducative en est un des exemples les plus flagrants. Cependant, détachés de leur source et transformés en dispositifs variés et contradictoires, les établissements catholiques ont contribué à la désagrégation interne de l'école publique accélérant la disparition des intuitions pédagogiques des Pères fondateurs de l'école de la République. Néanmoins, force est de constater que tous les courants politiques dominants ont influencé l'enseignement catholique sans véritable résistance de sa part, mais surtout sans que l'Église propose une alternative conforme à son identité.

Les remèdes possibles et non exhaustifs

- En premier lieu, mesurer le manque de formation théologique des enseignants et chefs d'établissements de l'enseignement catholique. Avant d'envisager de transmettre une hypothétique anthropologie chrétienne, il est nécessaire d'avoir assimilé les fondamentaux de l'économie du salut et les éléments constitutifs du magistère dans leur cohérence d'ensemble.
- En second lieu, se souvenir qu'enseigner dans l'enseignement catholique, c'est parler de Jésus comme Jésus parlait. Il est le Moyen et la Fin.
- Retrouver la dimension eschatologique et l'attente des fins dernières, c'est-à-dire sortir de fins politiques qui ne sont que le recyclage du vieux cléricalisme.
- Oser être libre et s'approprier pleinement ce que la loi permet.
- Retrouver l'intuition des congrégations enseignantes en regroupant un nombre suffisant de catholiques missionnaires autour de prêtres, religieux et religieuses pour créer une masse critique donnant une réalité ecclésiale à l'identité catholique. Il faut admettre la nécessité d'un repli sur moins d'établissements, comme ce fut le cas des clochers, pour repartir à la conquête.
- Ne pas « mettre tous les œufs dans le même panier » ; assumer la création et le développement là où il le faut d'établissements indépendants, dits « hors contrat » pour faire vraiment face aux besoins des familles et anticiper une fin probable du système scolaire tel qu'on le connaît.
- Enfin, réactualiser l'intuition des petits séminaires pour assurer aux plus fervents une formation pouvant les conduire à la vocation. En effet, ne nous y trompons pas, un enseignement catholique sans clerc est par avance condamné à disparaître quel que soit l'investissement des laïcs. Sans cette attention particulière aux plus fervents, les vocations sacerdotales continueront à s'effacer.

Il nous faut au XXIe siècle un choc spirituel et évangélisateur aussi puissant que celui de l'École française de spiritualité au XVIIe siècle.

Les grands saints de cette école, de saint François de Sales à saint Jean-Baptiste de La Salle, ont tous rompu avec la culture dominante de l'Église de leur temps sans se séparer de l'Église elle-même. Ils nous montrent que la chose est aussi possible que nécessaire.

Cette rupture consiste, entre autres, à revenir à la Bible et aux Pères de l'Église pour placer au centre de la prière, de la pensée et de l'action, la personne du Christ sauveur. Telle doit être la démarche de l'enseignement catholique s'il veut subsister. Certes tous les projets d'établissements, de tutelles, de directions diocésaines en parlent à nouveau après l'occultation des années 1970-1980. Cependant ce sont les éléments périphériques comme l'ouverture aux autres, la solidarité, l'excellence scolaire, l'accueil des plus faibles, l'inclusion, et un monde plus juste, entre autres, qui se substituent à la figure du Christ qu'ils pensent manifester ainsi. Ainsi est occultée la nécessité de la rencontre personnelle avec le Christ dans les sacrements pour notre salut éternel. Du degré d'attachement à cette vérité dépend *in fine* l'identité de l'enseignement catholique et la survie de ses institutions.

Au milieu des ruines, seule la foi peut nous faire inverser le déclin.

P.-H. B.

■ ***Pierre-Henri Beugras*** Marié, père de 4 enfants. Chef d'établissement dans l'enseignement catholique, professeur de Philosophie. Docteur en Sciences sociales. Membre de la Communauté apostolique Aïn-Karem.

CLEMENCEAU ET LA LIBERTÉ DE L'ENSEIGNEMENT

J'estime qu'aujourd'hui au point où nous sommes arrivés, il ne suffit pas de maintenir le droit que nous avons reçu de nos anciens, de la Révolution française : il faut le développer ; et quand je cherche à organiser le régime nouveau, je n'en trouve pas d'autre que le régime de la liberté d'enseignement qui… n'a jamais existé dans ce pays.

Oh ! je le sais, on nous dit que ce régime est plein de dangers à cause des deux jeunesses[1]. Je ne veux pas m'étendre sur les deux jeunesses. Je prétends qu'il y a bien autre chose que deux jeunesses : il y a deux sociétés, l'ancienne société théocratique d'autorité, et la société civile démocratique qui ne peut vivre que par la liberté.

Pour résoudre ce problème de l'unité… notre honorable collègue M. Lintilhac[2] conçoit une sorte de duel entre l'Église et l'Université. Nous n'échappons à l'Église que pour tomber dans les bras de l'État, de l'Université. Si nous ne sommes pas écrasés par l'un, il faut que nous soyons écrasés par l'autre ; c'est la Révolution, la liberté qui l'exige.

Le tort de tous les professeurs – c'est un tort bien naturel – c'est de croire qu'ils fabriquent des hommes. *(Rires approbatifs sur divers bancs.)*

Messieurs, en pareille matière, je suis pour la routine classique : je crois que le père et la mère y sont bien encore pour quelque chose. *(Nouveaux rires.)*

1. Allusion à un discours de Waldeck-Rousseau.
2. Sénateur du Cantal, il venait de défendre le principe du monopole de l'enseignement.

J'entends dire tous les jours : « L'enfant est une cire molle, on le forme comme on veut. » Non. L'hérédité et le milieu ont déterminé ces petits hommes qu'on vous envoie. Vous leur apprenez à apprendre. *(Très bien ! Très bien !)*

Mais vraiment, croyez-vous de bonne foi qu'un enfant, sur les bancs du collège, soit toujours en corrélation nécessaire, déterminée par son professeur, avec l'homme qu'il sera plus tard ? Cela serait bien inexact, en tous cas, pour tous ceux que j'ai connus. *(Nouvelles marques d'approbation.)*

Ce n'est pas que je veuille protester contre l'action de l'enseignement, tout au contraire – je la tiens pour infiniment précieuse, et personne n'est plus que moi prêt à lui rendre hommage – mais les jeunes gens qui vous arrivent viennent avec des idées déterminées qu'ils acquièrent tous les jours dans leurs familles ; contre cela, votre confrérie de professeurs est impuissante. J'ai dit que vous ne pouviez pas fermer la grande école de l'Église ; vous ne fermez pas davantage la grande école de la famille *(Très bien ! Très bien !)* Vous n'empêcherez pas l'enseignement du soir, vous n'empêchez pas que le père, dans l'esprit de l'enfant qui ne demande qu'à se confier à ceux qui l'aiment, à ceux qu'il voit tous les jours s'intéresser à sa vie, ne puisse, d'un mot juste ou faux, barrer tout l'enseignement que vous aurez péniblement édifié dans votre journée. *(Nouvelles marques d'approbation.)*

Messieurs, tout se tient. Vous avez fait la liberté de la presse, vous avez fait la liberté de réunion, vous ferez, j'en ai confiance, la liberté de conscience. Vous aurez le courage de faire la liberté de l'enseignement.

Quand on a commencé à faire la liberté, on n'est pas maître de s'arrêter en chemin. Faire la liberté, ce n'est pas seulement lui élever des statues, donner son nom à des places publiques, à des arbres, cela n'est rien. Il faut en faire une réalité vivante, car c'est elle seule qui peut gagner les esprits et les garder.

Georges CLEMENCEAU, *Journal officiel. Débats parlementaires*, Sénat, 1903, p. 1374.

ÊTRE CHRÉTIEN ET ENSEIGNANT AUJOURD'HUI

GATIEN HAVET

Quand j'étais étudiant à l'École cathédrale à Paris, j'ai eu la chance d'avoir comme professeur Madame Galpérine, petite fille de Léon Bloy, filleule de Jacques Maritain. Elle habitait à Meudon dans la maison de son grand-père. Les Bloy et les Maritain avaient emménagé dans deux maisons voisines à Meudon. Il faut lire *Les grandes amitiés*[1] de Raïssa Maritain pour approcher la richesse de ces âmes chrétiennes ferventes. Toute cette histoire nous touchait beaucoup, nous étudiants en première année de philosophie et, avant même les premiers cours, les échos venant de la promotion au-dessus de nous attisaient nos désirs.

Je n'oublierai pas notre premier cours : Mme Galpérine était entrée dans notre salle et, sans même retirer son sac à main en bandoulière, elle se mit à parler : « La civilisation française est née de la rencontre de deux univers : la culture gréco-romaine et le monde germanique [...]. Les Germains, comme disait Tacite dans *La Germanie*, les Germains, "ces gens qui chantent dans leurs forêts[2]" [...]. » Quelques années plus tard, je retrouvais dans une bibliothèque familiale les œuvres de Tacite et je ne pus m'empêcher de chercher cette citation et ainsi de découvrir un peu plus Tacite.

1. Raïssa Maritain, *Les grandes amitiés*, DDB, coll. « Livre de Vie », Paris, 1963.
2. Tacite, *La Germanie*, dans *Œuvres complètes*, Gallimard, coll. « Pléiade », Paris, 1989, p. 37-63. Il est possible que Mme Galpérine ait plus restitué l'esprit du texte de Tacite que fait une réelle citation. Nous trouvons bien des évocations des chants concernant les Germains dans le texte de Tacite, par exemple p. 38 : « Ils chantent des poèmes anciens [...]. » On retrouve bien aussi dans son texte la présence des forêts, par exemple p. 39 : « Le pays, bien qu'il présente par endroits des différences, est cependant, en général, ou bien hérissé de forêts ou bien enlaidi par des marais, plus humides du côté des Gaules. » Je n'ai pu retrouver la citation exacte, mais l'esprit décrit est bien présent.

Mme Galpérine demeure pour moi un exemple d'enseignant chrétien. En plus de son riche héritage personnel, c'était une femme passionnée par son enseignement et habitée d'une joie de le transmettre. Sa passion était rayonnante. C'est tout naturellement que sa foi l'animait et animait sa manière de nous enseigner.

Beaucoup de grandes figures d'enseignants chrétiens peuvent nous éclairer sur l'art d'enseigner en tant que chrétien : saint Thomas d'Aquin ou saint Albert le Grand, saint Bonaventure, le saint cardinal Newman ou nos défunts papes saint Jean-Paul II et Benoît XVI, ou encore J.R.R. Tolkien ou C.S. Lewis, l'écrivain Henri Bosco ou la philosophe Simone Weil qui n'était pas catholique mais qui s'est approchée de la foi chrétienne. On pourrait encore citer Claude Tresmontant ou, dans le domaine scientifique, le professeur Jérôme Lejeune.

Dans ces quelques lignes nous allons nous attacher à comprendre ce qu'est un enseignant chrétien et à regarder les enjeux, ainsi que les difficultés qu'il rencontre. Et pourquoi aujourd'hui la foi de bon nombre d'enseignants chrétiens ne transparaît pas dans leur manière d'enseigner.

Pour cela, nous verrons tout d'abord que le monde scolaire comme la société tout entière traverse depuis le milieu du XXe siècle une profonde déchristianisation. Cela a eu un impact sur le milieu des enseignants qui n'est pas coupé du reste de la société. Des difficultés structurelles ont également eu de grandes répercussions sur la qualité des enseignements. Il est aussi utopique de croire qu'un enseignant peut, de manière isolée, insuffler un style de formation. Enfin nous verrons que, dans une certaine mesure, l'enseignant chrétien est aussi responsable de ce qu'il enseigne et qu'il a la responsabilité de se former.

Les conséquences de la déchristianisation

Il faut tout d'abord dire que le catholicisme en France a traversé une crise, un bouleversement sans doute unique en son genre. La littérature est abondante sur le sujet. On peut par exemple prendre les deux récents livres de Guillaume Cuchet : *Comment notre monde a cessé d'être chrétien*[1] et *Le catholicisme a-t-il encore de l'avenir en France ?*[2]. Cette déchristianisation a tout naturellement touché le milieu des enseignants comme l'ensemble de la population française.

1. Guillaume CUCHET, *Comment notre monde a cessé d'être chrétien*, Seuil, coll. « Points-Histoire », Paris, 2020.
2. Guillaume CUCHET, *Le catholicisme a-t-il encore de l'avenir en France*, Seuil, coll. « Points-Histoire », Paris, 2023.

Pour la rentrée 2022, l'enseignement catholique sous contrat représentait encore 134 800 enseignants pour 2 069 671 élèves et 7 249 institutions (comprenant le primaire, collèges, lycées ou lycées agricoles), cela constituait 17 % des élèves scolarisés en France. À ces enseignants de l'enseignement catholique sous contrat, il fallait ajouter ceux des institutions catholiques hors contrat. À ces derniers, il faut enfin ajouter un certain nombre d'enseignants catholiques qui travaillent dans l'enseignement public (ces derniers n'auront évidemment pas la même liberté de dispenser un enseignement inspiré et guidé par leur foi chrétienne que dans des établissements chrétiens).

Potentiellement, l'ensemble de ces institutions d'enseignement catholique sous contrat ou hors contrat pourrait représenter une véritable chance pour un enseignement promouvant une vision chrétienne dans de multiples disciplines, mais il faut noter, malheureusement, que la raréfaction du public catholique n'a pas épargné les enseignants et les différents personnels administratifs au sein même de ces institutions.

À ce niveau, ce sont surtout les institutions sous contrat qui ont souffert. Il faut bien constater que le nombre d'enseignants chrétiens pratiquants dans le « privé catholique sous contrat » a bien largement suivi la déchristianisation de l'ensemble de la société. Bon nombre d'enseignants de ces institutions ne sont plus du tout chrétiens, et certains sont d'autres confessions religieuses, principalement des musulmans, qui ont pris la place laissée vacante par la loi du nombre. L'objectif de ce constat n'est pas de monter en épingle des établissements avec une certaine « pureté catholique » qui seraient fermés à tout enseignant athée ou d'autre confession religieuse, mais il nous faut tout de même reconnaître comme légitime le désir d'avoir des établissements catholiques qui transmettent la foi catholique et même qui suscitent chez les élèves le désir de la sainteté, qui leur ouvrent l'esprit sur les différents états de vie chrétiens… C'est même la raison d'être de ces institutions. Mais comment cela pourrait-il se faire sans enseignants, personnels administratifs etc., animés d'une foi vive ? Comment cela pourra-t-il se faire dans des établissements catholiques qui en ont d'autant plus besoin, c'est-à-dire ceux où les pratiquants ne sont plus qu'une infime minorité ?

Ludovic Laloux, professeur d'histoire à l'université de Valenciennes et auparavant enseignant en lycée privé catholique sous contrat, me partageait son expérience en ce sens et sa frustration face à l'effacement progressif de l'identité catholique. Nombreux sont les exemples d'enseignants catholiques pratiquants partis avec de beaux désirs, et se retrouvant isolés dans des institutions ne les comprenant pas et où ils ne trouvent pas de soutien !

Ce constat a été une des grandes raisons de la naissance des établissements hors contrat qui se sont positionnés sur une identité chrétienne plus forte. Dans ces institutions nous retrouvons davantage de corps d'enseignants unis dans le désir de transmettre la foi et d'éclairer la transmission des savoirs avec la lumière de la foi. Les problèmes de ces établissements apparaîtront dans d'autres domaines comme trouver une stabilité financière et une scolarité abordable pour les parents des élèves, ou encore comment perdurer dans le temps et trouver les énergies humaines pour cela. Il faut enfin dire que ces institutions hors contrat sont aussi bien moins nombreuses et donc elles concernent bien moins d'enseignants et d'élèves. Mais il ne faut pas minimiser non plus leur valeur symbolique et les réflexions qu'elles permettent d'ouvrir.

Pour avoir plus d'enseignants chrétiens motivés il faudrait donc, avant tout, comme pour la question des vocations religieuses et sacerdotales, plus de foi. C'est donc, avant tout, une question d'évangélisation pour demain.

L'effondrement des communautés religieuses enseignantes

La déchristianisation a eu aussi un autre effet : les congrégations religieuses enseignantes ont quasiment disparu. Elles constituaient une colonne vertébrale solide et un élément moteur. Les Jésuites, Frères maristes, Frères des Écoles chrétiennes, les Salésiens, les Eudistes, de multiples congrégations de Dominicaines… Un grand nombre de religieux étaient enseignants. Le charisme de ces communautés a insufflé pendant longtemps un véritable esprit de foi. Comment tant de vies données au Christ et consacrées à l'enseignement ne porteraient-elles pas de nombreux fruits ? On a beaucoup parlé de la rigidité dans l'enseignement catholique jusqu'aux années 1970, notamment dans les pensionnats. Dans une certaine mesure, la critique était légitime, mais il serait intéressant de mentionner aussi tous les fruits engendrés. Claire de Castelbajac, dans ses années chez les sœurs du Sacré-Cœur de Rangueil près de Toulouse, nous montre un exemple de cette richesse :

> *Claire a connu le « Sacré-Cœur » des années 1960, une période faste où la congrégation tourne à plein régime, avec un développement jamais atteint depuis la fondation : en 1964, quelque 6 690 religieuses dans le monde entier. Et il ne faut pas imaginer les membres de cette congrégation féminine enseignante comme de vieilles nonnes à lunettes, incultes, étroites d'esprit et décalées. Ce sont au contraire des femmes de qualité, profondes, cultivées.*

Jeunes aussi : quand Claire arrive à Toulouse, en 1964, mère Marie-Antoinette Questiaux, sa surveillante générale pendant trois ans, a trente-huit ans, et la maîtresse générale, Monique Gaujal, qui veille sur ses élèves au plan spirituel et dans les rapports avec les familles, en a quarante-cinq[1].

Et Claire en retire de grands fruits :

Il est évident que la vie de Claire a été nourrie et transformée par son passage au Sacré-Cœur. Elle y découvre, au contact des religieuses et de ses amies, la vérité vivante et belle que ses parents lui avaient transmise. Elle aime prier, approfondir et réfléchir sa foi dans une ambiance porteuse qui est un réel privilège[2].

Dans l'ambiance d'une telle institution, la foi respire et trouve sa place à tous les niveaux. Les enseignants n'ont pas de mal à délivrer un enseignement illuminé et porté par leur foi chrétienne. Il est bon de réentendre de tels témoignages dans nos années de crises pour se rendre compte que ce n'est pas impossible à réaliser.

Concernant la rigidité dont nous parlions, il faut aussi souligner qu'elle n'était pas uniquement présente dans l'enseignement catholique, mais aussi dans l'enseignement public, et qu'elle représentait l'esprit d'une époque. Que l'on relise, par exemple, *La gloire de mon père*, *Le château de ma mère* de Marcel Pagnol ou *Le nouvel homme* d'Albert Camus pour s'en faire une idée.

Pour revenir à Claire de Castelbajac, on peut noter combien elle a souffert en voyant les effets de la crise de l'Église :

Le passage par Sainte-Marie-des-Champs [où elle a été en première année de lycée] *se double d'une déception réelle de Claire vis-à-vis de l'éducation religieuse dispensée dans la maison. Dans cet après Mai 68 qui voit les congrégations religieuses (comme l'Église entière) en « recherche », faisant souvent volontiers table rase du passé, les sœurs vivent, comme les autres, leur* aggiornamento. *Et cela donne des*

1. Dominique-Marie Dauzet, *Claire de Castelbajac. Que ma joie demeure*, Presse de la Renaissance, Paris, 2010, p. 60-61.
2. *Ibid.*, p. 66.

scènes qui seraient cocasses si elles n'étaient, finalement, assez cruelles pour la foi sensible de Claire.
Voici comment Claire raconte à ses parents la première réunion de catéchèse. La religieuse, ce jour-là, a proposé aux élèves la question suivante : « Que voulez-vous voir changer dans l'Église ? » Les réponses fusent : « La messe est trop longue, elle nous embête, il faut la raccourcir », « il faut accepter la pilule », « il faut supprimer le célibat des prêtres ». Au bout d'un moment, Claire, indignée, se lève : « Mais pourquoi nous faites-vous parler de cela ? Cet été, le pape a justement parlé contre la pilule et pour le célibat des prêtres. On n'a qu'à lui obéir, et c'est tout. » La religieuse fait un bond : « Claire de Castelbajac, asseyez-vous, vous avez des idées arriérées. »

C'était le début d'un effondrement des congrégations religieuses enseignantes en France qui, malheureusement, allait être quasi total. Ces congrégations religieuses enseignantes offraient un solide soutien à leurs enseignants. En leur sein, la foi trouvait naturellement sa place, et ce dans les différentes matières enseignées[1].

Une question peut se poser : alors que la loi d'association Debré de 1959 donnait à l'enseignement catholique des moyens jusque-là inédits, associés à une grande sécurité financière, alors que la liberté d'enseignement était enfin garantie, n'y a-t-il pas eu pour l'Église une grande opportunité qui a été manquée ?

L'impact de difficultés structurelles sur les enseignants

Qu'entendons-nous par « bon enseignement chrétien » ?

Une des premières difficultés structurelles est liée aux courants de pensée internes à l'Église. La « théologie de l'enfouissement » est aussi passée par là, et l'école en a subi les conséquences. Aujourd'hui, on commence à remettre en cause cette folie, mais, pendant plusieurs dizaines d'années, il ne fallait pas afficher ouvertement sa foi, ni avoir trop de zèle missionnaire, celui-ci étant pris pour du « prosélytisme ». Ce n'est pas seulement la société dans son

1. D.M. Dauzet, *Claire de Castelbajac. Que ma joie* demeure, *op. cit.*, p. 82.

ensemble qui a été touchée par un « respect » des différences, une forme de tolérance qui s'est avérée être un obstacle à une vraie charité. Les catholiques ont été touchés par cette « charité diluée ». Une vraie charité propose la foi comme un trésor. Cette proposition est une proposition qui s'adresse à la liberté de l'homme, car Dieu est amour, et sans liberté il n'y a pas d'amour. C'est Dieu qui touche les âmes et les attire à lui, mais comment cela peut-il se faire si nous refusons d'être les messagers de ce que nous avons reçu ? Dans cette optique *d'enfouissement* le « bon enseignement catholique » est devenu, pour certains, un enseignement ouvert mais silencieux au sujet de l'annonce de la foi.

Pourtant on ne peut pas refuser à l'école de ces années-là le mérite d'une véritable attention sociale pour accueillir, à côté des catégories sociales favorisées, des personnes issues des milieux populaires aux moindres revenus. On voit aussi des catholiques qui s'investissent pour trouver des fonds afin de faciliter l'accès à l'enseignement de ces personnes plus démunies. Dans cette optique, l'Église a aussi été inventive pour accompagner les élèves rencontrant des difficultés scolaires. Une réelle attention au harcèlement scolaire s'est aussi développée. Il s'agissait donc d'une foi qui se voulait incarnée dans l'action, dans des œuvres, mais qui ne voulait pas annoncer, transmettre de vive voix le message chrétien. Toutes ces œuvres sont positives, nécessaires même, mais sont-elles suffisantes ? Avec le recul des années, on voit bien tout ce qui nous a manqué et nous manque encore.

Il faut retrouver des écoles catholiques qui tiennent compte des deux dimensions. La dimension sociale de la charité et la dimension d'annonce explicite de la foi. Cette dernière encourageant chaque enseignant à ne pas exclure les implications de la foi dans sa propre discipline. Pour une annonce explicite de la foi, ils ont en effet un rôle central à jouer.

La loi Debré, une chance mais aussi un défi

Autre défi lié au contrat d'association. Si la loi Debré de 1959 garantit une liberté d'enseignement, le « rapprochement de l'enseignement sous contrat avec certaines normes de l'enseignement public[1] » pose la question du respect du « caractère propre » de l'enseignement privé. Comme le dit elle-même la loi Debré au sujet de l'enseignement privé catholique (ou d'autres religions plus minoritaires à l'époque) : « L'enseignement privé a un caractère spécifique qui est d'être un enseignement religieux ou plus exactement un enseignement

1. Pierre-Henri Beugras, *Liberté d'enseignement en France entre association et indépendance*, thèse soutenue en 2023 auprès de l'Institut catholique de Paris, p. 136.

délivré dans des établissements dont le caractère et la raison d'être sont d'être des établissements religieux[1]. » La tentation peut venir d'un côté ou d'un autre. L'Éducation nationale peut être tentée, au travers de ses directives et cela arrive malheureusement, d'imposer sa manière de voir aux établissements privés sous contrat. Ces risques vont s'accentuer quand, avec les accords Lang-Cloupet de 1992-1993, les professeurs du privé vont se rapprocher fortement de la titularisation et de la fonctionnarisation. Par exemple, au fil des rapprochements, quand des élèves du public vont être amenés à passer des épreuves du bac dans des établissements privés catholiques, on va voir surgir des demandes pour retirer les crucifix de salles de classe. Nous sommes là dans une violation du caractère propre.

Mais le caractère propre peut aussi être mis à mal par l'enseignement privé lui-même, qui peut aller au-devant des désirs des politiques, pour cultiver une bonne entente avec le ministère de l'Éducation. La déchristianisation ayant aussi touché fortement les établissements privés sous contrat, la différence avec l'enseignement public tend aussi à se réduire. La conséquence de l'altération du caractère propre sur les enseignants chrétiens va être directe : par différents jeux de pression, les enseignants vont être de moins en moins libres de dispenser un enseignement illuminé par la foi chrétienne.

Les enjeux que pose la « massification » de l'enseignement

Voyons les choses par en haut. L'enseignement met en scène deux acteurs : l'élève et l'enseignant. Il faut certes s'organiser pour dispenser l'enseignement à tous les jeunes scolarisés, mais le cœur de l'enseignement se joue toujours entre ces deux acteurs. Or le mécanisme de l'enseignement, ces derniers siècles, s'est considérablement développé. Il y a eu plusieurs étapes et contributions à ce développement, mais c'est surtout à partir de l'après Seconde Guerre mondiale, et plus spécifiquement dans les années 1970, que l'enseignement s'est considérablement massifié pour toucher la quasi-totalité de la jeunesse française.

Laissons parler Pierre-Henri Beugras qui vient de soutenir une thèse sur la liberté d'enseignement en France :

1. *Journal officiel* du 24 décembre 1959 ; cité par N. Fontaine, 1978, p. 138. Voir Pierre-Henri Beugras, thèse citée en note 8.

Le contrat d'association, les accords Lang-Cloupet et la loi Censi après 1984 et l'échec du grand service d'enseignement laïque ont rapproché les fonctionnements de l'Enseignement public et sous contrat, massifiant et standardisant l'ensemble du système. Les intuitions éducatives de l'école nouvelle, les initiatives et innovations pédagogiques du patrimoine de l'enseignement catholique notamment congréganiste se sont transformées en dispositifs qui, s'ils sont répandus y compris dans l'enseignement public, ont perdu en efficience en se dépersonnalisant et en se diluant au sein même du système[1].

Par massification de l'enseignement, nous entendons donc un enseignement qui s'est étendu à la quasi-totalité de la jeunesse et qui se trouve sous une autorité unique : celle du ministère de l'Éducation nationale. Et la déchristianisation n'a fait que renforcer cette massification.

La question qui se pose est : est-ce que cette massification, cette standardisation de l'enseignement est une bonne chose ? Et, pour notre sujet, est-ce qu'elle est porteuse de ressources pour un enseignement fécond des enseignants catholiques ?

Pour revenir aux acteurs centraux de l'enseignement, l'élève et l'enseignant, étant donné qu'il y a autant de différences que d'élèves, chaque personne ayant sa propre histoire, ayant reçu un héritage et des expériences différentes, le meilleur des enseignements sera celui qui réussit le mieux à tenir compte de ces différences. Cela plaide déjà non pas pour un seul modèle d'enseignement, mais pour plusieurs initiatives, pédagogies, méthodes de transmettre les savoirs.

D'un autre côté, la massification de l'enseignement a créé une « méga-institution » qui écrase en bout de chaîne le professeur qui enseigne à ses élèves. Dans un contexte de déchristianisation, cela a été encore plus terrible pour les professeurs catholiques ayant un certain zèle. Ils se sont retrouvés isolés et fort démunis. Ici encore, les congrégations religieuses dans leur diversité de charismes et d'approche constituaient une véritable richesse. Ce serait une véritable grâce pour notre pays de les voir refleurir. L'école à la maison et les établissements privés hors contrat présentent des alternatives pour éviter cette massification et retrouver de nouvelles voies. Les récents débats sur la suppression de l'école à la maison ne sont pas en ce sens une bonne nouvelle.

1. Pierre-Henri Beugras, *Liberté d'enseignement en France entre association et indépendance*, *op. cit.*, p. 138.

On peut lire sur ce sujet, par exemple, le livre de Jean-Baptiste Maillard : *L'école à la maison : une liberté fondamentale*[1].

Ivan Illich[2], dans son ouvrage *Une société sans école* (qu'il faudrait plutôt appeler, dans une traduction plus fidèle : *Une société déscolarisée*), nous introduit dans des réflexions fort intéressantes sur une telle massification de l'enseignement. Nous retenons, par exemple, qu'Illich se pose la question de savoir si les jeunes que nous appelons « enfants » doivent tous passer par l'école. Cette idée nous paraît aujourd'hui incontournable, mais elle est en fait très récente. Nous pouvons nous demander si l'école, telle que nous la concevons aujourd'hui, est le seul chemin possible pour se construire et construire une personne, un adulte. L'école à la maison propose déjà une autre voie. Il est parfois bénéfique de se reposer des questions fondamentales pour en percevoir les fondements et les justes raisons, pour corriger ou améliorer certaines choses. Certes, pour grandir, s'insérer dans une société, vivre avec ses pairs, tout homme a besoin de recevoir des autres une éducation et des enseignements. L'exemple de Victor, un enfant qui avait été découvert dans le Massif Central et vivant dans la nature, coupé de toute vie sociale, nous montre (ô combien !) que d'être coupé de toute société est préjudiciable à un bon développement, mais faut-il pour cela bâtir un modèle unique d'instruction[3] ?

Comme le dit Ivan Illich :

> *Sans y réfléchir, nous avons accepté l'idée qu'il existe des «* enfants *», et nous décidons qu'ils doivent aller à l'école, qu'ils sont soumis à nos directives, qu'ils n'ont pas de revenus personnels et ne peuvent en avoir. Nous attendons d'eux qu'ils restent à leur place et se conduisent en «* enfants *».* [...] *Nous oublions, ce faisant, que l'idée que nous nous faisons de l'enfance n'est apparue que récemment en Europe occidentale, et qu'elle est plus récente encore dans les deux Amériques*[4].

1. Jean-Baptiste MAILLARD, *L'école à la maison : une liberté fondamentale*, Artège, Paris, 2021.
2. Ivan ILLICH (1926-2002) prêtre, penseur non-conformiste, a dénoncé dans l'élan de Mai 68 les maux de la société industrielle.
3. Voir François-Xavier BELLAMY, *Les déshérités*, Plon, Paris, 2014.
4. Ivan ILLICH, *Une société sans école*, Points, coll. « Essais », Paris, 2015, p. 52-53. Notons que c'est une réédition et que l'édition originale est de 1970-1971 en anglais : *Deschooling Society*, Harper and Row, New York, 1971.

Les réflexions d'Illich sont intéressantes, car elles nous interrogent sur notre modèle éducatif. Il critique vivement une institution éducative qui s'est érigée en principe général et incontournable ; mais ce modèle est-il accompli ? Ne pouvons-nous pas trouver d'autres voies riches et originales ?

- Dans quelle mesure si nous nous sommes battus pour protéger la période de l'enfance et la construction de la vie dans ses premières années, si nous avons « sanctuarisé » cette période dans un parcours d'éducation très normé et dans une véritable institution d'écoles, dans quelle mesure donc n'avons-nous pas « infantilisé » la jeunesse ? Il faut le constater, les jeunes ont une capacité d'apprentissage étonnante. À 7 ans ou à 10 ans ils sont capables de beaucoup de choses, à 14 ou 17 ans bien davantage… Notre système éducatif accompagne-t-il toujours la bonne construction des jeunes et une juste prise de responsabilité ? Ne retient-il pas parfois bien longtemps nos jeunes dans une certaine irresponsabilité, les empêchant de grandir ? Sans vouloir tout révolutionner : jusqu'au XIXe siècle, voire jusqu'au milieu du XXe siècle, on voyait en France, on voit encore dans d'autres parties du monde, des enfants d'une dizaine d'années vivant comme petits bergers, cela prouve une capacité à réaliser des tâches proportionnées à leur âge et non une exploitation abusive. N'y a-t-il pas des choses à repenser pour mieux accompagner notre jeunesse ?
- Faut-il vouloir accompagner toute notre jeunesse dans une scolarité longue ? Aussi théorique ? Avons-nous suffisamment développé les filières dites « professionnelles » ?

Ces difficultés structurelles sont un second frein qui empêche les enseignants catholiques de se déployer sereinement. Un enseignant n'est pas un atome isolé, il agit dans un environnement au sein d'institutions dont il est dépendant. Si nous voulons de bons enseignants catholiques et donc un bon enseignement, il faut prendre soin des institutions scolaires, de leur esprit, de leur encadrement. On voit fleurir quelques initiatives riches, qui font en ce sens de réels efforts.

Une charité inventive prend en compte l'unicité de chaque personne. Nous sommes là à rebours d'un modèle standardisé qui a ses limites. Il y a quelques années, un directeur de lycée de Lille, face aux difficultés scolaires d'un de ses élèves, a mis en place, en accord avec les parents de ce dernier, un parcours original : ce jeune est parti vivre dans une abbaye. Il travaillait manuellement pour les moines et il suivait ses cours par correspondance avec un parcours adapté, un moine l'aidant à tenir le rythme. Ce jeune a suivi avec succès sa scolarité, s'est marié, a fondé une famille et a créé une entreprise après avoir fait une grande école de menuiserie. Son parcours est très original et ne conviendrait sûrement pas à tous, mais un directeur, des enseignants et une famille ont fait preuve d'inventivité pour accompagner un jeune qui avait besoin d'une aide particulière pour s'accomplir et cela a été une réussite. Une réussite scolaire et aussi une réussite de formation chrétienne, la vie au côté des moines ayant été très riche d'expériences.

On pourrait citer d'autres initiatives intéressantes, telles que l'école musicale de Liesse, le collège et le lycée de Pontlevoy dirigés par la communauté Saint-Martin, les écoles Espérance Banlieues ou encore l'école des Roches (avec la belle figure d'André Charlier). Ces initiatives restent encore trop peu nombreuses. Pour le bien des jeunes et des professeurs, il faut désirer en voir fleurir beaucoup d'autres. La tâche à accomplir reste immense.

Quærere Deum : les fruits de la foi

Il existe enfin un autre acteur déterminant pour avoir un bon enseignant catholique : c'est l'enseignant lui-même. Dans une certaine mesure, nous sommes maîtres de notre destin ou, pour le moins, rien ne se fait sans nous. Pour être un enseignant chrétien qui porte du fruit, il faut être un chrétien fervent, il faut du désir, de la persévérance et prendre les moyens que nous donne l'Église pour y parvenir. Il nous faut rechercher Dieu en toute chose, *quærere Deum* et passer « aux réalités essentielles ». Derrière le *provisoire* il faut chercher *le définitif*[1]. Le monde de l'enseignement a lui aussi besoin de saints.

Autrement dit, en tant que chrétiens, dans les événements de notre vie il faut chercher ce qui ne passe pas. Dans nos activités, vies de famille, investissements divers il faut chercher notre juste place et nous entrons ainsi en relation avec notre Dieu. Si les enseignants chrétiens prennent au sérieux leur foi, la mettent au cœur de leur existence, nourrie par une vie de prière, une charité fervente, cela portera du fruit. Il n'y a pas de recettes, pas de plans déterminés, mais, là où il y a de la foi, Dieu passe.

Un des éléments importants pour une vie de foi riche est la formation. Dans le milieu de l'enseignement, cela revêt une importance toute particulière. Pour l'enseignant chrétien, elle prendra une double dimension. Il y a tout d'abord sa matière d'enseignement. Le travail du chrétien fait partie de son devoir d'état. Il doit donc le prendre avec sérieux et y donner le meilleur de lui-même.

1. Cf. Benoît XVI, « Discours aux Bernardins » in *Discours au monde*, Artège, Paris, 2013, p. 75-76.

Mais l'enseignant chrétien devra aussi se former au niveau de sa foi, chercher à la comprendre, à comprendre aussi les implications de cette foi dans la matière qu'il enseigne pour en rendre compte à ses élèves. Dans son encyclique *Fides et ratio,* Jean-Paul II parle de *diaconie de la vérité*[1] : pour les enseignants cela prend une densité toute particulière.

C'est ce que résume la Congrégation pour l'éducation catholique dans son instruction *L'identité de l'école catholique, pour une culture du dialogue,* du 25 janvier 2022 :

> *Un autre élément fondamental* [pour l'école catholique] *est la formation initiale et permanente des enseignants. C'est d'eux que dépend essentiellement le fait que « l'école catholique soit en mesure de réaliser ses buts et ses desseins. Qu'on les prépare donc avec une sollicitude toute particulière à acquérir les connaissances tant profanes que religieuses* [...]. *Que la charité les unisse entre eux et avec leurs élèves, qu'ils soient tous pénétrés d'esprit apostolique pour rendre témoignage, par leur vie autant que par leur enseignement, au Maître unique, le Christ. Leur ministère « est un apostolat au vrai sens du mot* [...]. *C'est aussi un authentique service rendu à la société*[2]. »

On retrouve ici dans la formation des enseignants la formation concernant les matières profanes et la formation religieuse, l'importance de la charité et aussi de l'exemple de vie. Tout cela nécessitant une formation initiale et une formation permanente.

On peut enfin se demander si la foi interfère dans toutes les disciplines. Ainsi dans le contexte de discussion du projet de loi Savary, des accords Lang-Cloupet, Jean-Pierre Chevènement disait « Il n'y a pas de maths catholiques ! » et le cardinal Lustiger lui répondra « mais il y a une manière catholique d'enseigner les maths[3]. ». De plus, on voit chez beaucoup de scientifiques, de mathématiciens, que leurs recherches les ont menés à des réflexions religieuses

1. Jean-Paul II, encyclique *Fides et Ratio,* septembre 1998, § 2.
2. Instruction de la Congrégation pour l'éducation catholique, *L'identité de l'école catholique pour une culture du dialogue*, 25 janvier 2022, n° 14, site internet Vatican.va, version française. L'essentiel du paragraphe reprend la déclaration sur l'éducation chrétienne *Gravissimum educationis* du concile Vatican II (oct. 1965), aux n° 8 et 9.
3. Pierre-Henri Beugras, *Liberté d'enseignement en France entre association et indépendance, op. cit.*, p. 131.

(citons par exemple Einstein ou le professeur Lejeune). L'affirmation de Jean-Pierre Chevènement est donc largement critiquable.

Le 16 octobre 2020, Samuel Paty, enseignant d'histoire-géographie à Conflans-Sainte-Honorine était assassiné par un islamiste radicalisé, Abdoullakh Anzorov. Le 13 octobre 2023, Dominique Bernard, agrégé de lettres modernes, enseignant à Arras, était assassiné par un autre islamiste, Mohammed Mogouchkov. D'autres enseignants et personnels du collège-lycée Gambetta-Carnot étaient également blessés.

Par ces deux événements dramatiques, la « diaconie de la vérité » dans le beau métier d'enseigner est maintenant grevée d'une menace, dans notre pays.

Pour la messe de funérailles de Dominique Bernard, ses proches avaient choisi ce texte de saint Paul « s'il me manque l'amour, je ne suis rien » (1 Co 13, 1-2) et l'Évangile des Béatitudes (Mt 5, 1-12). Ces textes sont particulièrement émouvants dans de telles circonstances. Ils montrent la persévérance de l'amour face à la violence, à la haine et à la rancune. Une décision d'aimer.

Son épouse prenant la parole au début de la cérémonie disait de son mari :

> *Il aimait la philosophie, le cinéma, l'Italie, l'italien, la Toscane, il aimait Van Gogh, Matisse, Courbet, il aimait les glaciers préférés du* Routard, *il aimait la lumière rasante du soir, mais il n'aimait pas l'informatique, ni les réseaux sociaux. Le téléphone, il n'en avait même pas, il n'aimait pas la foule, ni les honneurs. Les cérémonies, il les avait en horreur. Sensible et discret, il n'aimait pas le bruit et la fureur du monde. Il aimait profondément ses filles, sa mère et sa sœur. Nous nous aimions.*

Un autre membre de sa famille complétait :

> *Je crois aux êtres sensibles qui savent recevoir et donner de l'amour en équilibre, qui écoutent et qui parlent aussi, ceux qui vivent et qui laissent vivre*[1].

Dominique Bernard, vraisemblablement, ainsi que ses proches, ont choisi la constance d'un amour qui s'enracine dans la vie de tous les jours. Un amour

1. Cf. « Aux obsèques de Dominique Bernard à Arras : les discours poignants des proches du professeur », Huffingtonpost, 19 novembre 2023.

de la fidélité et des petites choses, des petites attentions, qui répétées avec persévérance, deviennent une grande attention. Face à l'horreur, ils ont essayé de tout leur cœur de demeurer dans cet amour.

Aujourd'hui encore plus qu'hier le monde de l'enseignement a besoin de chrétiens brûlants d'une charité active, d'une vie et d'une intelligence évangéliques qui laissent passer le regard de notre Dieu qui se fait petit pour nous élever.

G.H.

■ ***Gatien Havet*** Marié, père d'un enfant. Services généraux d'une société du secteur numérique. Études de droit, philosophie et de théologie. Membre de la Communauté de l'Emmanuel.

LA CHARTE DE LA MAÎTRISE DE MONTMARTRE

MICHEL EMMANUEL

En devenant recteur de la basilique du Vœu national au Sacré-Cœur à Paris en 1959, Mgr Maxime Charles (1908-1993) devient également responsable d'un petit établissement secondaire qui en dépend directement dans la mesure où ses élèves assurent par le chant et le service liturgique la beauté des offices célébrés dans le sanctuaire : la Maîtrise de Montmartre.

Dès son arrivée, Mgr Charles décide de prendre en charge l'établissement et d'en faire le cadre d'une expérience d'éducation chrétienne originale. Par ailleurs, il est décidé d'ouvrir progressivement une classe par niveau afin de préparer les élèves au baccalauréat. À partir de 1964 et jusqu'en 1969, c'est le père Christian de Chergé (1937-1996) qui assume la direction de l'établissement[1].

En 1967, une première génération de maîtrisiens passe le baccalauréat. C'est l'occasion pour le recteur de la basilique de Montmartre et pour le directeur de la Maîtrise de faire le point à l'été 1967 à travers un document qu'ils écrivent ensemble : la Charte de la Maîtrise. C'est ce document de référence en matière d'éducation chrétienne que *Résurrection* se propose de faire découvrir à ses lecteurs.

M. E.

1. Christian de Chergé entre ensuite, comme cela était convenu avec les autorités diocésaines, dans l'ordre des Cisterciens de la stricte observance. Il fait partie des sept moines de l'abbaye de Tibhirine enlevés et assassinés en 1996. Il a été reconnu martyr en janvier 2018 et a été béatifié le 8 décembre suivant avec dix-huit autres martyrs d'Algérie.

■ *Michel EMMANUEL* Enseignant au Collège Stanislas à Paris, agrégé, docteur en histoire, membre de la communauté apostolique Aïn-Karem.

LA MAÎTRISE DE MONTMARTRE

La MAÎTRISE est arrivée jusqu'à la classe terminale. Les succès de juin 1967 ont apaisé les inquiétudes que l'obstacle du baccalauréat n'avait pas manqué de susciter. L'heure est donc venue de préciser sous forme écrite la raison d'être de notre entreprise afin de permettre aux parents, éducateurs, professeurs, et tout aussi bien, aux élèves les plus évolués, de se situer de façon loyale et efficace au sein de notre communauté d'éducation chrétienne.

En effet, cours secondaire du XVIIIe arrondissement, la MAÎTRISE n'est pourtant pas un établissement privé comme un autre ; elle ne cherche pas d'abord à assurer « une admission indulgente, des études suivies et une discipline serrée » qui paraîtraient mieux adaptées aux besoins de certains parents en peine de temps ou d'autorité, ainsi qu'aux prétentions de certains garçons moins pourvus d'intelligence ou d'ardeur au travail. Elle n'a pas non plus pour but de fournir à la basilique du Sacré-Cœur des chanteurs et des clercs pour ses cérémonies, ces dernières pouvant tout aussi bien être assurées autrement… et à moindre frais.

À travers les tâtonnements inévitables des initiatives et des recherches, elle poursuit la réalisation d'une forme originale d'éducation dont la devise pourrait être cette parole du Christ : « Cherchez d'abord le Royaume de Dieu… et le reste vous sera donné par surcroît. » Cette norme essentiellement religieuse pourrait paraître aujourd'hui démodée ! C'est elle, cependant, qui continue d'inspirer les fondateurs de la MAÎTRISE.

*

L'ÉDUCATION consiste avant tout, en effet, à faire jaillir de l'enfant, de l'adolescent ou du jeune homme, un dynamisme personnel qui lui donne de l'intérêt pour le travail intellectuel, du goût pour l'effort, un souci de son propre épanouissement et une attitude fraternelle envers les autres.

Correspondre à ce dynamisme, c'est avant tout exprimer cette capacité d'aimer que Dieu a mise en tout homme comme un désir insatiable que Lui seul pourra combler ; le dévoiler aux élèves, c'est les amener à découvrir peu à peu la séduction des vraies réussites où l'esprit et le cœur trouvent à s'épanouir dans l'acceptation humble et joyeuse d'une dépendance d'amour qui leur garantit, en tous leurs actes, la force et la lumière divines.

Il ne s'agit pas, bien sûr, de n'importe quelle vie religieuse : obligations morales, habitudes rituelles, adhésion superficielle à certaines vérités, sont indispensables aux plus jeunes mais ne peuvent être qu'une préparation à une véritable vie chrétienne. Il faut que l'élève fasse lui-même l'expérience de la joie qu'apporte la foi vécue, de la lumière et de la force que celle-ci diffuse dans toute la vie. C'est pourquoi les cours d'Instruction Religieuse doivent lui donner, avec une vision du monde belle et cohérente, la fierté de sa foi ; une piété chantante, des célébrations auxquelles il participe activement en animant les foules d'un grand sanctuaire, favorisent des contacts avec le Christ où le cœur, l'imagination, le goût du beau et des responsabilités sociales sont largement satisfaits. Cela réclame bien sûr une perfection technique peu commune et donc des répétitions où l'intelligence, l'attention et une réelle maîtrise de soi trouvent naturellement à s'exercer. Si l'opération est réussie, il n'est pas besoin de multiplier les offices obligatoires : normalement, les élèves désirent aller souvent à la basilique, ils réclament même qu'on les aide à parvenir à des relations personnelles avec le Christ dans la prière silencieuse (« ils réclament », entendons-nous, ils en ont quelque appétit dont il faut les amener à tirer parti…, n'est-ce pas d'ailleurs la manière de toute bonne éducation ?). C'est alors que l'on peut voir le garçon, d'abord victime de son anarchie ou de son apathie intérieure, commencer à se prendre en main pour exploiter dans l'amour les dons que Dieu lui a faits par amour.

Une telle conception de l'éducation n'est-elle pas trop religieuse, trop mystique et pour tout dire, un peu irréelle ? Ne vaudrait-il pas mieux doser plus prudemment le religieux et l'humain ? Si on le croit, on fait de l'éducation à décor, à parfum chrétien, mais on renonce à déchaîner les forces de ce dynamisme qui ne se manifeste que dans une expérience religieuse profonde et sans limites préétablies ; si la foi ne va pas jusque-là, il vaut mieux chercher ailleurs d'autres sources d'énergies.

La MAÎTRISE ne doit pas pour autant se soucier uniquement de la piété de ses élèves. Entre le moteur religieux et le développement humain, il y a des courroies de transmission dont le réglage est très important : valeur de l'enseignement, procédés pédagogiques efficaces, attention particulière apportée à l'évolution de chaque élève, avec toujours cette note d'optimisme dans ses possibilités qui est foi en la puissance de la grâce divine agissant en tout cœur d'homme.

Il en est de même du contrôle et de la discipline. La coercition est parfois nécessaire parce que les élèves ne sont pas exempts du péché originel ; mais, elle est dangereuse et doit être savamment adaptée et mesurée aux divers âges, car toute contrainte purement extérieure suscite une résistance intérieure.

Les félicitations distribuées sans excès selon le travail ou la bonne volonté, les meilleurs résultats soulignés et honorés seront toujours plus stimulants que les punitions. Le but n'est jamais d'obtenir de l'élève un résultat malgré lui, mais de l'amener peu à peu, grâce à des points de repère dont quelques-uns peuvent être des avertissements, à consentir à l'effort indispensable qu'une civilisation de confort et de facilités factices rend plus rébarbatif encore. C'est ainsi qu'il acquerra une culture et un épanouissement conformes aux intentions de Dieu sur lui et qu'il deviendra capable de servir les autres. Le silence nécessaire au travail, au sommeil comme à la prière de chacun, l'exactitude, la politesse, l'ordre et le soin, le respect de l'emploi du temps, des programmes et de l'occupation des lieux, l'uniforme lui aussi, doivent être proposés sans faiblesse ni dispense particulière ; cette première obéissance, acceptant, pour ensuite les adopter, les lois sages de cette petite société que constitue la MAÎTRISE, tiendra son rôle d'initiation à la vie en d'autres sociétés.

Mais l'expérience prouve qu'on doit se garder de tracasser les élèves avec des obligations ou des défenses arbitraires et mesquines que la vie en commun ne justifierait aucunement et qu'ils rejetteraient dans leur cœur, risquant éventuellement de les confondre avec les commandements du Seigneur. En dehors de la foi, des mœurs et du travail, aucun manquement ne saurait être dramatique à la MAÎTRISE.

Malgré ces principes d'éducation, les crises sont inévitables : crise de l'adolescence, crise de l'indépendance juvénile, crise des mœurs et de la foi religieuse elle-même... Elles n'étonnent pas l'éducateur quelque peu expérimenté ou qui se souvient de sa propre jeunesse. Il faut être patient, infiniment, et éviter seulement que le garçon s'enfonce seul dans l'anarchie de ses sentiments, de ses toquades ou de ses répulsions. S'il se sent respecté et compris comme un homme qui fait déjà l'expérience de la lutte entre « le diable et le Bon Dieu », aimé aussi comme un compagnon de combat en route vers la victoire de la grâce, il garde sa confiance en ses éducateurs et voit en eux les sûrs aiguilleurs de sa vie.

Ces crises, au reste, ne se déroulent presque jamais d'une façon solitaire ; on en parle entre camarades : ce peut être un danger, ce peut être un bien. De toute façon, on n'évitera pas que certains élèves aient de l'influence sur d'autres ; faire prendre conscience à ceux-ci de leur pouvoir, leur offrir malgré leurs propres difficultés d'aider leurs frères à rejoindre les desseins de Dieu, c'est les faire sortir d'eux-mêmes, leur donner de nouvelles dimensions et créer un climat favorable au sein de leur classe de la MAÎTRISE tout entière ; cela demande du tact et du doigté ; rien qui sente la délation, mais faudrait-il se laisser emprisonner dans un égalitarisme simplet ? Les chefs se sauvent comme chefs en sauvant ceux qui les suivent car Dieu a distribué ses dons avec diversité.

*

Ces perspectives d'éducation trouvent-elles aujourd'hui un assentiment total chez tous les collaborateurs de la MAÎTRISE ? Malgré les résultats déjà surprenants de leur application partielle, il n'est guère prouvé que les éducateurs, les professeurs, les parents, les élèves, venus au gré des circonstances, aient tous perçu immédiatement l'originalité d'une formule sans doute proclamée mais incomplètement réalisée.

Ainsi, il est à craindre que certaines familles n'aient vu en la MAÎTRISE qu'un établissement proche de leur domicile, des classes peu nombreuses permettant un contrôle du travail plus suivi, une chance d'amener leur fils à poursuivre ses études aussi loin que possible malgré les difficultés du moment.

Sans refuser le climat chrétien, elles ont subi les servitudes d'horaires imposées par la basilique plutôt que compris et goûté l'aide exceptionnelle d'éducation que cette dernière mettait à leur service. D'autres, au contraire, ont su nous soutenir fidèlement et nous ne pouvons que nous réjouir de leur compréhension.

N'y a-t-il pas eu également quelque tentation pour les éducateurs et les professeurs de s'appuyer d'abord sur d'autres motivations que les religieuses : la simple réussite aux examens, l'importance de la matière enseignée, un certain humanisme sans relation avec l'unique but et moteur de la vie chrétienne ?

On s'est peut-être agacé de l'importance accordée au chant et à la liturgie, on est resté soi-même indifférent à ces offices dont on n'a pas toujours facilité aux élèves la fréquentation, dissociant quelque peu, en un contresens stérilisateur, les « droits » de la Maîtrise et ceux de la basilique. Beaucoup, il est vrai, ont compris ou cherché ; c'est avec eux qu'il faut continuer à approfondir les rapports internes du religieux, de l'éducatif et de l'enseignement.

Quelques rares élèves enfin sont venus tard à la Maîtrise, sans foi, et, ce qui est plus grave, sans véritable curiosité religieuse ou sans aucun intérêt pour notre entreprise ; ouverts à la critique mais fermés à tout dialogue, ils ont souvent ralenti les élans d'une communauté où ils n'avaient pas leur place.

*

Il apparaît ainsi impossible de collaborer fructueusement à la MAÎTRISE ou de l'utiliser en faisant un choix entre ses diverses activités et en minimisant l'essentiel. Il faut que toutes les familles nous fassent confiance, qu'elles nous aident à maintenir le meilleur tonus religieux possible, qu'elles s'intéressent à l'instruction religieuse et à la participation de leurs garçons à la vie de la basilique, autant qu'au livret scolaire ; celui-ci sera d'autant meilleur et le baccalauréat n'en sera que mieux assuré. Qu'elles nous aident donc à donner à tous non seulement un diplôme, mais un style de pensée et d'action qui leur servira toute leur vie.

Il est un point en particulier où il faut nous accorder, c'est celui de l'inscription ou du maintien d'un garçon à la MAÎTRISE ; les principes suivants, déjà connus des nouveaux, méritent de demeurer présents à l'esprit de tous :

– Si un garçon pour une raison quelconque n'a que répugnance ou méfiance envers la religion, il ne sera pas heureux à la Maîtrise et ne bénéficiera pas vraiment de l'éducation qui y est donnée. Un autre établissement chrétien moins axé sur l'union à Dieu lui conviendra davantage ; peut-être, s'il a de la personnalité, se trouvera-t-il plus à son aise dans un lycée, surtout s'il peut y rencontrer un bon aumônier.
– Un garçon normalement religieux mais peu doué sur le plan du sens esthétique (ce qui ne veut pas dire que tous doivent avoir des dispositions pour le chant), ne prendra pas goût à la beauté du chant ou des cérémonies, et le charme de la Maîtrise n'opérera pas sur lui ; il y a un minimum d'aptitudes nécessaires pour profiter de notre méthode.
– De toutes façons, il n'est pas question, dans son intérêt même, de faire entrer ou de garder à la Maîtrise un élève qui refuse le jeu ou qui en rejette les aspects essentiels. Aucune considération de commodité ou d'opportunité scolaire n'y peut rien changer, et la MAÎTRISE préfère en ce cas, comme elle l'a déjà fait, aider elle-même les familles à reclasser leurs garçons dans les meilleures conditions.

Quant aux éducateurs et aux professeurs, personne ne songe à leur imposer inquisitorialement un certain degré de vie religieuse. Il est normal qu'ils aient en ce domaine toute liberté de résoudre leurs problèmes. Mais il ne leur est pas possible de collaborer à notre entreprise sans recherche personnelle du Christ et sans un désir d'unifier leur pensée et leur vie sous l'influence de la foi.

Nous les prenons tels qu'ils sont, décidés à respecter leur évolution, mais nous leur demandons de faire équipe avec les prêtres de la Maîtrise, non seulement sur le plan pédagogique, mais aussi sur celui d'une étude théologique et de vie chrétienne. Les élèves, à travers leur enseignement, leur jugement et leur exemple, leurs appels à l'effort et leurs enthousiasmes, doivent percevoir cet élan vers un christianisme vivant et contagieux.

Reste le principal : les élèves ! Les plus jeunes bénéficient pleinement de l'accord des parents et des éducateurs, s'il existe en profondeur, et ils respirent alors, très sereinement, le climat religieux de la Maîtrise.

En 5e, 4e et 3e, les garçons commencent, selon leur degré de maturité, à se poser des questions ; il faut les deviner, les aider à s'exprimer, ne pas se scandaliser, et, par des réponses claires et bienveillantes, leur permettre d'évoluer en sécurité.

En ce qui concerne les élèves du second cycle (2nde, 1re et Terminale), il semble qu'étant donné le caractère si spécial de la MAÎTRISE, on doive faire davantage et leur demander une adhésion explicite à la méthode religieuse d'éducation.

Ceux qui sont à la Maîtrise depuis plusieurs années savent de quoi il retourne, mais ont besoin d'y réfléchir plus complètement ; les autres seront aussi précisément que possible avertis ; à tous, on se propose lors de la rentrée de septembre, à la suite d'une journée de prière et d'étude préparée par une lettre inspirée de la présente notice mais adaptée, de demander, non pas un engagement mais une déclaration d'intention quant aux grandes options qui fondent leur entrée ou leur maintien dans le second cycle à la Maîtrise. Sans doute, il ne faut pas se faire trop d'illusions sur l'efficacité de ce geste, il ne faut pas non plus négliger la valeur de l'auto-éducation : un jeune homme n'est plus un enfant, il a droit à être traité comme un homme. C'est sur ce point que les parents peuvent beaucoup pour assurer la loyauté de l'opération.

*

Il faut reconnaître sans doute que ces principes ont inévitablement souffert, au temps de leur exécution, des maladresses ou des défaillances de ceux qui les avaient adoptés ou même préconisés ; qu'il soit permis, cependant, de constater que pour les avoir conservés fidèlement comme sa ligne de conduite fondamentale, la MAÎTRISE est aimée de ses élèves ! Il y règne un climat d'étonnante fraternité et d'exceptionnelle confiance ; elle obtient sans larmes ni bachotage de très honorables résultats aux examens ; elle suscite des anciens qui sont fiers de lui avoir appartenu. Elle mérite donc d'être encore améliorée sur ces bases essentielles, par un renforcement de toutes les collaborations évoquées ci-dessus, au prix même de certaines gênes individuelles. Elle mérite aussi d'être plus connue afin que ceux auxquels elle convient ne soient pas frustrés de la chance exceptionnelle qu'elle peut leur offrir.

LE PÈRE DE CHERGÉ, directeur de la Maîtrise
MGR CHARLES, recteur de la Basilique

LES LEÇONS DE MAI 68 OU LA DÉCONSTRUCTION CONSERVATRICE

JEAN CHAUNU

« Dieu a fait à l'homme la grâce de le faire historien. Et c'est même la plus grande grâce que Dieu ait faite à l'homme et la plus grande miséricorde que de le faire historien. »

Charles Péguy, *Clio. Dialogue de l'histoire et de l'âme païenne*

Il est temps de se mettre à l'école de la révolution de Mai 68 et d'apprendre d'elle, si nous voulons sortir un jour du bocal à poissons rouges et peut-être – qui sait ? – comprendre que nous en sortirons un jour. Car la vraie question n'est pas tant la crise de la transmission que la transmission de la crise ou, pour tout dire, l'énigme d'une révolution qui nous enseigne et qui agit depuis cinquante ans et sur trois générations, alors que – ou peut-être parce que – ses fils étaient censés n'apprendre que par eux-mêmes. Mais une révolution comportementale qui nous enseigne à son insu sur ses rites régressifs et archaïques. Une révolution qui, pour paraphraser Joseph de Maistre, « marche toute seule », comme une grande, ou, pour parler comme Trotski, est « permanente » depuis un demi-siècle, sans que personne ne s'en soit sérieusement rendu compte. C'est que Mai 68 a débranché son rapport à l'historicité. À ses dépens.

Le cycle dialectique des révolutions

Un célèbre jésuite nous avait pourtant avertis en son temps qu'une révolution officielle peut toujours en cacher une autre, telle la « Révolution nationale », passant de plus en plus aux couleurs nationales-socialistes[1]. Dans le cas de Mai 68, il semble qu'il s'agisse plutôt d'une révolution qui se cache à elle-même sa figure ultimement politique. Elle fut décrétée d'abord « introuvable[2] », son « héritage » tardivement déclaré « impossible » (Jean-Pierre le Goff), sans du reste que cette impossibilité ait été démontrée par son auteur qui, sur les pas de Gramsci, a plutôt vu l'héritage du « gauchisme culturel » à l'œuvre dans notre présent[3]. Entretemps, Luc Ferry et Alain Renaut s'étaient érigés en censeurs de Mai (et de Heidegger surtout) au nom d'un néo-libéralisme années 1980, apparemment victorieux[4]. Gilles Lipovetsky, moins anxieux que Tocqueville son maître, ne voyait encore rien venir dans la postface à son *Ère du vide*[5]. Le seul penseur qui n'était peut-être pas loin du but était Régis Debray qui, ayant tout appris et rien oublié dans les jungles sud-américaines, constatait que Mai 68 était devenu une « contre-révolution réussie » mais en termes marxistes, partant du présupposé que le grand capital avait repris la main alors qu'il ne faisait que se conformer à l'hédonisme sociétal en vendant de la jouissance pour tous[6].

Plus près de nous, le renoncement de 2018 à la commémoration de Mai 68 était significatif dans le registre symbolique. Comme l'avait indiqué Gérard Leclerc, « il n'y a pas de meilleure façon de le tuer que d'en faire une commémoration officielle[7] ». Le président Emmanuel Macron né en 1977, est le premier de nos chefs d'État qui n'a pas connu « le monde d'avant ». Si son lointain prédécesseur Valéry Giscard d'Estaing se savait déjà vieux après Mai, alors qu'il était pourtant le plus jeune président de l'histoire républicaine, son lointain successeur se croit jeune en faisant mémoire du futur, mais au nom d'un paléo-progressisme fatigué.

À l'inverse des « rad-soc » de la IIIe République qui se considéraient comme « les fils de la Révolution » contre ceux de la réaction, les petits-fils de Mai qui

1. Gaston Fessard, « France, prends garde de perdre ton âme », premier des cahiers clandestins de *Témoignage chrétien*, novembre 1941.
2. Raymond Aron, *La révolution introuvable. Réflexions sur les événements de Mai*, Fayard, Paris, 1968.
3. Jean-Pierre Le Goff, *Mai 68, l'héritage impossible*, La Découverte, Paris, 1998 ; *Du gauchisme culturel et de ses avatars*, Gallimard, coll. « Le Débat », Paris, 2013/4, n° 176 ; *La France d'hier, Récit d'un monde adolescent des années 1950 à Mai 68*, Stock, Paris, 2018 ; *Mes années folles. Révolte et nihilisme du peuple adolescent après Mai 68*, Robert Laffont/Stock, Paris, 2023.
4. Luc Ferry, Alain Renaut, *La pensée 68*, Gallimard, Paris, 1988.
5. Gilles Lipovetsky, postface (1993) de *L'ère du vide. Essais sur l'individualisme contemporain*, Gallimard, Paris, 1983.
6. Régis Debray, *Modeste contribution aux discours et cérémonies officielles du dixième anniversaire [de mai 68]*, Maspero, Paris,1978 ; réédition chez Fayard, coll. « Mille et une nuits », Paris, 2008, sous le titre *Mai 68 : une contre-révolution réussie*.
7. Gérard Leclerc, *Sous les pavés l'Esprit*, France-Empire/Salvator, Paris, 2018, p. 30-31.

nous reviennent en novembre, tels des ingrats amnésiques, élèves de Mérieux, ne semblent pas se considérer comme des héritiers. Et pourtant, le cycle révolutionnaire de Mai 68 en cours de vieillissement continue sous nos yeux et n'est pas fondamentalement différent des cycles de la Révolution française et de la Révolution russe. Et d'abord parce qu'il s'agit, comme les deux autres, d'une impasse circulaire. À ceci près que Mai procède à l'envers de ses deux aînées.

Notons en passant que Mai 68 portait déjà dans ses flancs, pour parler comme Marx, les cadavres de 1789 et de 1917, celui de l'État-nation dont de Gaulle était la dernière figure tutélaire, et celui du parti-État que le « Printemps de Prague » allait remettre en cause avant d'être momentanément écrasé par les armées du Pacte de Varsovie, un peu plus d'une décennie avant que *Solidarnosc* et Jean-Paul II ne jouent la pièce de Ionesco à l'envers (les drapeaux de *Solidarnosc* se substituant au masque de *Rhinocéros*), infligeant le trait mortel au communisme, un peu moins d'une génération avant que Gorbatchev ne détruise le régime de Lénine en croyant le réformer. Commençons par la caractéristique commune des trois révolutions. La nouveauté ne réside pas dans leurs idées, produits d'une vulgarisation. Les révolutions étant vieilles dès leur berceau sont nouvelles dans l'efficacité de leur militance et la capacité à imposer la *doxa* idéocratique à la société. La nouveauté de 89 réside dans l'action des sociétés de pensée illustrées par Augustin Cochin[1]. Lénine, un marxiste intégriste, est novateur dans son élaboration du parti-État esquissé dans son *Que faire ?* (1902)[2]. Quant à l'anarchisme libertaire de Mai, il puise ses racines dans le XIXe siècle ou dans la première moitié du XXe siècle mais il s'est trouvé en phase avec les « Trente Glorieuses » et le « peuple adolescent » (Paul Yonnet), tout juste émancipé du stoïcisme patriarcal.

Les deux premières révolutions étaient d'abord politiques, condition pour façonner un « homme nouveau » par le haut. Le cycle français a peiné à définir la souveraineté et la place de l'Église dans la société ; le cycle russe a échoué dans la construction artificielle d'un socialisme sans État avec un parti-État bureaucratique, totalitaire et non prolétarien. Tout ça pour sauver les prophéties du soldat Marx… Les deux cycles ont duré près d'un siècle pour le premier, deux-tiers de siècle pour le second. François Furet pour la Révolution française et Martin Malia pour la Révolution russe ont montré le phénomène récidiviste des révolutions : « 1830 recommence 89, 1848 rejoue la République, et la

1. Voir la réédition des textes d'Augustin Cochin dans *La machine révolutionnaire*, préface de Patrice Gueniffey, Tallandier, Paris, 2018, et François Furet, *Penser la Révolution française*, Gallimard, coll. « Folio histoire », Paris, 1978.
2. Stéphane Courtois, *Lénine, l'inventeur du totalitarisme*, Perrin, Paris, 2017.

Commune renoue avec le rêve jacobin[1]. » Ajoutons qu'il a fallu la génération positiviste des Jules pour remettre en selle la Révolution et la faire aboutir à « une société sans Dieu et sans roi ». Malia nous a expliqué comment le cycle Lénine-Staline se rejoue chez les successeurs, Khrouchtchev et son réformisme prétendument léniniste, en réalité populiste, Brejnev et son néostalinisme pour fermer la parenthèse réformiste du prédécesseur. Gorbatchev revient au réformisme qui conduit à la crise finale et au putsch « conservateur » du KGB, mis en échec par la révolution libérale de Boris Eltsine[2].

Contrairement au *politique d'abord* des deux révolutions précédentes, Mai 68 commence par la société civile, même si la militance révolutionnaire d'extrême-gauche suscite et encadre le mouvement. Le « politique d'abord » du gauchisme révolutionnaire a été exorcisé et s'est trouvé soluble dans l'anarcho-hédonisme démocratisé. Le « politique ensuite » est notre présent, et il ne prend pas plus la figure d'un « dépérissement de l'État » que le régime soviétique finissant mais plutôt celle d'une gouvernance impériale et informelle.

Le cycle de Mai 68 va se déployer d'abord sur deux mois selon trois phases cohérentes illustrant une rupture éducative et générationnelle : la phase estudiantine gauchiste et libertaire (2 mai-13 mai) puis la phase d'encadrement des syndicats, accompagnée de la grève générale ou « Grand Soir » (13 mai-29 mai), puis le rétablissement de l'ordre par les urnes, les élections de la peur et « la chambre introuvable » plus conservatrice que gaulliste (30 mai-30 juin).

La société préférant « faire l'amour mais pas la guerre civile », le cycle démarre sur un rituel d'exorcisme, celui de l'activisme révolutionnaire de l'extrême gauche au nom de l'anarcho-hédonisme pour se reproduire ensuite pendant cinquante ans. La mystique de l'utopie libertaire s'est muée en réforme sociétale (de la contraception à l'avortement) par la droite gaulliste puis centriste épaulée par le capitalisme au service de l'hédonisme marchand. Mais cela signifiait aussi que la révolution sexuelle venait de plus haut, de la génération des pères nés dans les années 1920 et non d'abord du « peuple adolescent ». On ne doit pas l'oublier si l'on veut comprendre les logiques instrumentales qui nous font passer de la jeunesse au jeunisme sénescent. Le capitalisme des « Trente glorieuses » a été le grand levier sociétal aux côtés du législateur. Puis vient la phase de l'entrisme de la génération soixante-huit dans les années Mitterrand, où le gauchisme culturel opère la révolution idéologique en contrôlant les commandes des pouvoirs intermédiaires qui façonnent l'opinion (les médias, le

1. François Furet, *Penser la Révolution française*, *op. cit.*, p. 20.
2. Martin Malia, *La tragédie soviétique. Histoire du socialisme en Russie, 1917-1991,* Seuil, Paris, 1995.

barreau, les militances avancées sur fond de sida). Puis l'ordre moral inversé, la dictature permissive, de « Terra Nova » enterrant les vestiges de l'ancienne social-démocratie, au profit de la sociétale-oligarchie avec le « Mariage pour tous ». Le découplage entre société civile devenue à son tour introuvable et oligarchie gouvernante est consommé. Au terme du processus dialectique et symbolique, les acteurs ont échangé leurs rôles de part et d'autre des barricades.

L'individualisme désocialisé a permis à la révolution de Mai d'accoucher du régime politique lui correspondant, même *a contrario* : une gouvernance oligarchique et mondialisée de surveillance coupée des peuples et assistée de groupuscules d'« idiots utiles » de la déconstruction militante qui poursuivent la geste transgressive cinquantenaire. En ce sens, la gouvernance oligarchique est le stade suprême de la révolution de Mai.

La dystopie léniniste avait donné naissance à un État totalitaire et bureaucratique au détriment du prolétariat qu'il était censé pourtant incarner et servir. La dystopie de Mai a donné naissance à une oligarchie conservatrice d'intérêts au détriment des peuples qui étaient pourtant censés jouir sans entraves. Le cycle de la troisième révolution de l'âge contemporain s'achève sous nos yeux. En dépit des apparences calendaires, le XXIe siècle retardataire ne commencera pas avant qu'elle ne soit achevée.

L'histoire en apesanteur

La plupart des analyses achoppent sur la déconnexion révolutionnaire de l'historique. Il ne s'agit pas seulement de désaffiliation mais d'inintelligence historique. Il est vrai que l'histoire d'une révolution cinquantenaire à la manière de Furet mais appliquée à l'après-Mai n'a pas encore été entreprise. Ou plus exactement cette histoire en est restée à la sociologie sans la prise en compte d'une temporalité dialectique et transgénérationnelle. La raison en est que contrairement à la conception hégéliano-marxiste qui faisait de l'histoire le juge en dernière instance du procès révolutionnaire, le paradigme soixante-huitard opère à l'envers. C'est à nous qu'il revient de juger le passé et l'histoire en tant que méthode. Le temps historique a donc été suspendu jusqu'à nouvel ordre pour mieux se perpétuer dans un présentisme intemporel, dans « cette brève éternité » du « tout, tout de suite », du « vivre sans temps mort » et du « jouir sans entraves » même si, l'âge venant, Pascal Bruckner le reconnaît, le slogan précité « avait fini en train-train[1] ». François Hartog a développé le

1. Pascal BRUCKNER, *Une brève éternité. Philosophie de la longévité*, Grasset, Paris, 2019, p. 65.

concept de « présentisme[1] » pour finir par reconnaître, timidement et tardivement il est vrai, que Mai 68 avait transformé son futurisme révolutionnaire en un présentisme de consommation : « Les manifestants se réclamaient encore du futurisme de la révolution, mais n'entendaient pas sacrifier leur présent pour un hypothétique futur. Les slogans mi-ludiques mi-sérieux, *Tout, tout de suite* ou *Sous les pavés, la plage*, l'annonçaient[2]. »

Chose étrange, l'interminable procès d'une histoire déjà condamnée avant d'être jugée s'est faite par le primat du mémoriel repentant sur l'historique, conduisant dans sa phase terminale à la *cancel culture* c'est-à-dire à l'amnésie destructrice et récidiviste, comme si Mnémosyne, la mère de Clio avait été frappée d'Alzheimer à force de convoquer sa fille à la barre.

Le symposium israélite de New-York en 1967 au cours duquel la thèse d'Elie Wiesel sur l'unicité exclusive de l'Holocauste, image inversée de l'unicité exclusive du « Peuple élu », ouvrait la boîte victimaire de Pandore dans laquelle allaient s'engouffrer toutes les autres catégories : homosexuels, féministes, Noirs, Amérindiens[3]. Le wokisme infantile en est l'ultime rejeton. Parlant de ce dernier, Pierre Valentin observait que les générations nées dans les décennies 1980 et 1990 « subissent l'effondrement de la transmission de l'histoire et de la géographie, de sorte que beaucoup sont incapables de se représenter dans le temps et dans l'espace[4] ». En somme, le phénomène « woke » est parvenu au stade suprême de l'archaïsme déconstructeur et son récidivisme révolutionnaire « vintage » nous interroge sur la transmission possible d'une culture militante. Mais Pierre Valentin fait mieux encore : en nous donnant la clé du wokisme et simultanément de Mai, il a compris que les wokistes ne pouvaient être fidèles à leurs aînés qu'en les reniant. « Le mouvement de Mai 68 fut donc en large partie *un règlement de compte générationnel*, où l'on criait "papa pue". L'annulation symbolique de cette génération par la nouvelle nous révèle paradoxalement la filiation entre les deux[5]. »

1. François Hartog, *Régimes d'historicité. Présentisme et expériences du temps*, Seuil, Paris, 2003.
2. Id., *Chronos, l'Occident aux prises avec le Temps*, Gallimard, Paris, 2020, p. 283.
3. Jean-Michel Chaumont, *La concurrence des victimes. Génocide, identité, reconnaissance*, La Découverte et Syros, Paris, 1997.
4. Interview dans *France Catholique* du 1er décembre 2023, p. 9.
5. Pierre Valentin, *Comprendre la révolution woke*, Gallimard, Paris, 2023, p. 193.

Contrat sociétal et rites archaïques

Le tabou paradoxal hérité de Mai 68 réside dans la prétendue « libération sexuelle » qu'il a voulu porter et qu'il ne sera bientôt plus possible aujourd'hui de renier sous peine de poursuite judiciaire. L'avortement devenu phénomène de masse est le symbole de ce pacte sociétal scellé entre la société civile et les régimes depuis deux générations. La Révolution dévore ses enfants et ne s'en repent jamais sous peine de mourir. Le massacre des saints innocents ne peut être remis en cause puisqu'il fut la conséquence programmée de l'« immaculée contraception » (Maurice Clavel). Il revient au docteur Simon de l'avoir compris et d'avoir agi en conséquence : « Présentée comme le moyen d'éviter l'avortement, la contraception n'en serait que l'avant-propos. Pierre Simon avait vu juste et l'influence qu'il exerça auprès des ministres de la santé successifs [...] ne dut rien au hasard[1]. »

Cette révolution sexuelle libertaire est d'abord passée par une révolution bourgeoise avec le soutien du capitalisme et de l'ordre moral inversé. La société civile a passé sans le savoir un contrat sociétal invisible et cinquantenaire avec la dictature du relativisme. Comme l'avait pressenti Michel Rouche[2], le paradigme contraceptif sur un demi-siècle a aussi généré le retour des comportements archaïques, puisque, comme on le sait, l'usage précoce de la pilule et le recours à l'avortement sont conditionnés par la pression familiale. Mais il a fallu pour cela que la société se soumette à l'idéologie militante. Si en effet les méthodes de militance se transmettent, les modes comportementaux relèvent des rites archaïques qui n'impliquent pas la liberté de la transmission-réception mais le conditionnement. La militance idéologique promeut ce retour aux formes archaïques comme l'illustre aujourd'hui le féminisme radical de l'Allemande Meike Stoverock qui prône la destruction de la monogamie au nom du combat féministe contre le machisme et en faveur du « polyamour », autre mot de la polyandrie. La dialectique de l'homme et de la femme qui était une lutte amoureuse pour la vie finit en cauchemar.

Voilà pourquoi le peuple « populiste » est condamné à la révolte et ne peut prétendre à la dignité révolutionnaire, laquelle reste l'apanage du pouvoir en place, celui des « thermidoriens soixante-huit tardifs » et de leurs héritiers veillant à promouvoir les militances transgressives qui ont l'avantage de susciter dans la société le « respect de la peur ». La Révolution continue donc mais est « devenue glacée » (Saint-Just). Elle se doit donc de porter le

1. Patrick Buisson, *Décadanse, De l'homo œconomicus à l'homo eroticus*, Albin Michel, Paris, 2023, p. 116.
2. « Les multiples aventures du couple », *Alliance*, n° 114, novembre-décembre 1997.

masque, celui du progrès. Au moment où la Cour suprême des États-Unis révise l'arrêt de 1972 sur l'avortement, le gouvernement français décide de constitutionnaliser le droit à l'avortement. Comme l'a dit Olivier Rey, « plus la crise s'aggrave, plus des droits inédits doivent être inventés, afin de donner l'impression que l'on continue envers et contre tout d'avancer, d'aller dans le bon sens. Récemment le mariage pour tous, la PMA pour toutes, le libre choix de son genre[1] ». Mais ce progressisme de fuite en avant se heurte à une contradiction. À défaut d'objectiver le passé, condition de sa condamnation et de sa destruction, mieux vaut ne plus avoir de comptes à régler avec lui car ce serait encore devoir lui rendre des comptes, des fois qu'on s'apercevrait, comme Régis Debray, à propos de la *radical ecology*, que le futurisme est un « futur passéiste » qui s'ignore[2]. Le progressisme est donc devenu un paléo-progressisme amnésique incapable d'assumer l'histoire.

C'est là aussi que s'explique l'échec prophétique au temporel de « la Manif pour tous », soit « l'arrivée à l'âge de la conscience politique de toute une génération qui rejette les valeurs permissives de Mai 68 et qui a bien l'intention de le faire savoir »[3]. Pour la première fois en effet, dans le grand désarroi d'une droite cinquante fois compromise avec l'ordre moral libertaire, le paradigme alternatif à celui du gauchisme culturel se retourne contre ce dernier en déconstruisant la déconstruction. Mais entre deux élites militantes, la victoire provisoire revient à celle qui détient encore les leviers de contrôle d'une société civile vieillissante et captive depuis près d'un demi-siècle. Il importe peu que la réussite au temporel ait été manquée. Que le gauchisme culturel d'État se soit retrouvé de l'autre côté des barricades peut annoncer prophétiquement son arrêt de mort programmé, comme jadis les accords de Gdansk de 1980 en Pologne avaient signé l'arrêt de mort du syndicalisme d'État en Pologne et du communisme (Michel Heller). Après quoi, le gauchisme d'État est condamné à devenir réactionnaire, répressif, s'il veut se maintenir au pouvoir.

Et l'Église ?

En ce qu'elle n'est pas du monde, la pédagogie ecclésiale demeure prophétique, seul antidote contracyclique à ses compromissions avec le monde et, comme l'avait dit Péguy, « promesse qu'elle ne succomberait jamais à son

1. Olivier Rey, « IVG dans la Constitution, euthanasie… Plus les crises s'aggravent, plus le progressisme invente des droits », *Le Figaro Vox*, vendredi 17 mars 2023, p. 18.
2. Régis Debray, *Le Siècle vert. Un changement de civilisation*, Gallimard, Paris, 2020.
3. Jean-Yves Camus, « Une singularité dans l'histoire des droites », in « Manifs pour tous », *L'Incorrect*, hors-série n° 2, 2023, p. 162.

propre vieillissement[1] ». Le procès auquel nous assistons sous les trois derniers pontificats le vérifie assez bien. Au cœur tout d'abord, l'herméneutique de Vatican II qui porte en lui deux interprétations contradictoires de l'*aggiornamento* roncallien. Celle du retour aux sources et celle de la « reddition au monde ». La dynamique du retour aux sources est l'antidote de la sclérose. C'est que l'Église se souvient de la fin. Saint Vincent de Lérins l'avait compris dès le ve siècle quand il ébauchait le développement dogmatique, tandis que le progressisme selon le monde est l'assurance du vieillissement. Mgr Matagrin avait résumé en une phrase l'optimisme conciliaire : « Le concile était en train de décrire un monde au moment où celui-ci devenait autre[2]. » En une phrase, il avait résumé le pathétique du progressisme d'Église déjà vieux au moment où la révolution de Mai éclatait. On donnerait peut-être raison à Maurice Clavel qui voyait dans Mai 68 une pentecôte qui a mal tourné[3] parce que l'aile paraconciliaire était encore empêtrée dans un paléo-progressisme d'action catholique et n'a pas su saisir ce qui s'exprimait confusément dans le cœur d'une jeunesse sous les masques vieillissants de la militance marxiste-léniniste ou maoïste. La partie se rejoue cinquante ans plus tard mais dans l'Église cette fois, et à sa tête. C'est que l'Église, épouse, mère, personne, est un corps, une tête, non une structure. Elle souffre de fièvres *tam in capite quam in membris*…

Le vieux progressisme est donc retardataire, là où le retour kérygmatique aux sources est signe de jeunesse. Les trois derniers pontificats le vérifient. Jean-Paul II et Benoît XVI ont connu la Seconde Guerre mondiale, le dernier pape ne l'a pas connue. Il arrive à l'âge adulte dans le contexte des *sixties* révolutionnaires de l'Amérique latine, et nous voici parvenus à la révolte des vieux qui singent celle de leur jeunesse. De la CIASE au synode, le solde des mécomptes a des allures de xxe congrès. Il s'agit de déplorer les maux en prétendant les soigner par leurs causes idéologiques. Ce procédé permet à une génération de rester dans un jeunisme conservateur sans avoir à le renier et à se maintenir aux postes de commande après le *katechon* prophétique que leur ont infligé les deux précédents pontificats. Mais avant d'être « papale », la prochaine révolution sociétale sera peut-être kérygmatique ou ne sera pas.

1. Charles PÉGUY, *Note conjointe sur Monsieur Descartes*, Presses universitaires de Liège, 14 juin 2016.
2. Mgr Gabriel MATAGRIN, *Le chêne et la futaie, une Église avec les hommes de ce temps,* Bayard, Paris, 2000. Cité par Yvon TRANVOUEZ, *L'ivresse et le vertige, Vatican II, le moment 68 et la crise catholique*, Desclée de Brouwer, Paris, 2021, p. 329.
3. Maurice CLAVEL, *Dieu est Dieu, nom de Dieu*, Grasset, Paris, 1976. Voir aussi Gérard LECLERC, *Sous les pavés l'Esprit, op. cit.*

Contrairement à la destruction créatrice chère à l'économiste Schumpeter, toute révolution suppose une « destruction conservatrice » ou, si l'on préfère, dans le cas de Mai, une déconstruction devenant conservatrice voire archaïque à défaut d'accoucher d'un monde nouveau. En attendant, le progressisme macronien et le transhumanisme sont chargés de nous assurer d'un avenir radieux. Il est vrai que le génitif qui avait jadis chuté dans la parabole d'Alexandre Zinoviev[1] est censé ne plus exister dans la perspective « trans » et « post ». En attendant (Godot ?), pour que l'avenir radieux puisse exister un jour, alors qu'il était exigé au départ « tout de suite », encore faut-il achever d'abord la déconstruction d'un passé pour en venir à bout. Les chantiers, même de déconstruction, prennent toujours du retard sur leur calendrier, c'est bien connu. Le nihilisme postmoderne qui a décrété la mort de l'homme pourrait bien ne pas parvenir à sa fin et n'avoir rendez-vous qu'avec le passé, en partie le sien, un passé ressemblant à une modernité tardive, à une mosaïque islamo-néo-mérovingienne qui ne passerait décidément pas de sitôt. La révolution serait alors acculée une fois encore à un échec conservateur, un retour à un âge archaïque à défaut d'âge d'or. Le nihilisme de sa non-histoire deviendrait plus modestement l'histoire de sa fin. Sous les pavés donc, l'histoire. Encore et toujours. Et sa *némésis*.

J. C.

■ ***Jean Chaunu*** Marié, père de quatre enfants, grand-père, enseignant et docteur en histoire. Il avait déjà l'âge de raison en 1968.

1. Alexandre Zinoviev, *L'avenir radieux*, L'Âge d'homme, Lausanne, 1978.

CLAUDE TRESMONTANT, MÉTAPHYSICIEN DE L'INACHEVÉ (1925-1997)

PHILIPPE GAGNON (DIR.), L'HARMATTAN, COLLECTION « CAHIERS DISPUTATIO », N° 7, PARIS, NOVEMBRE 2022. 155 PAGES.

Cet ouvrage, publié à l'automne 2022, est le résultat d'une journée d'étude au Campus Carnot de l'université catholique de Lyon, qui remonte au 2 février 2019, et qui était consacrée à Claude Tresmontant (1925-1997). Y ont participé tout un ensemble de connaisseurs de son œuvre, universitaires, anciens de ses étudiants, philosophes et historiens des idées. À noter aussi pour cet ouvrage la participation de Brunor qui est l'auteur des bandes dessinées les *Indices-pensables*. On y apprend avec plaisir que son travail a été influencé par l'œuvre de Tresmontant.

L'objectif de cette journée de travail et de cet ouvrage était de faire revivre une œuvre et un auteur qui sont aujourd'hui assez peu connus et qui gardent pourtant un réel intérêt.

En ouvrant ce livre, on découvre une pensée originale et un homme animé d'une foi vive (il s'est converti à l'âge adulte) et d'une grande soif intellectuelle. Universitaire enseignant en Sorbonne, il ne cachait pas sa foi, ce qui n'a pas toujours été facile dans un milieu dominé par une vision « laïcarde » encore très marquée. Sa présence dans l'Université lui a permis de toucher le cœur en même temps que l'esprit de certains de ses étudiants, voire d'être la raison de vraies conversions, comme celle que nous raconte Yves Tourenne.

Je retiens plus particulièrement quatre points de son œuvre :

- Le premier c'est sa méthode de « théologie inductive » : plutôt que de commencer l'étude de la théologie par les grands docteurs que l'Église nous a donnés, comme saint Thomas d'Aquin par exemple, Tresmontant désire « refaire le chemin » de l'Église et de sa réflexion... Il souhaite repartir des Écritures et suivre la voie de l'étude de la Révélation dans l'histoire, avec ses grands développements et ses crises. Sa volonté n'a pas été de faire « une nouvelle théologie », encore moins « une nouvelle foi », mais de refaire le chemin... Un peu comme le cardinal Newman étudiant le « développement du dogme » comme un organisme vivant, ce qui a sûrement été une des causes de sa conversion au catholicisme. La méthode est riche et, si elle est extrêmement exigeante et ardue, elle mérite qu'on s'y engage. Cela a notamment le mérite de nous montrer qu'il est nécessaire de faire adhérer notre intelligence à notre foi, que, même si cette dernière nous dépassera toujours, il faut chercher à la comprendre, à y adhérer d'un cœur entier avec un réel effort aussi de notre intelligence. Tous les résultats obtenus dans ce travail par Tresmontant ne sont pas exempts de critiques mais nous ne pouvons pas lui enlever le mérite de s'être attelé à un travail d'une réelle importance, surtout dans le contexte actuel où une vérité définitive semble impensable pour beaucoup.
- Le second élément qui marque chez lui, c'est l'affirmation de l'existence d'une « métaphysique hébraïque » issue de la Bible. Selon Brunor[1], cette dernière est marquée par deux idées majeures : l'affirmation de la transcendance de Dieu et le concept de création. Plus largement, Tresmontant se révèle être un fin connaisseur de la langue et de la culture hébraïques. Comment ne pas être ébloui par le compliment que lui adresse le grand Rabbin Kaplan : « Claude Tresmontant, juste parmi les nations, l'homme au monde qui sait l'hébreu. Nous, nous savons de l'hébreu, lui, il sait l'hébreu[2]. » Dans son *Essai sur la pensée hébraïque*, il s'attache à trois domaines : la création, l'anthropologie et le temps. Il étudie l'apport de la pensée hébraïque au regard des autres pensées antiques (notamment la pensée grecque). Tout en étant capable de faire une place à la métaphysique grecque, tout

1. Cf. p. 58.
2. Parole rapportée par Pierre Chaunu, cf. p. 81.

particulièrement celle d'Aristote, il a donc avec la Bible hébraïque un apport original, supplémentaire comme le montre, par exemple, son *Ontologie de la métamorphose*[1]. Pour lui, l'homme tout en étant défini comme une essence, est aussi un être en transformation, « en création », cheminant vers sa destinée. Tresmontant bâtit donc une métaphysique de « l'inachevé », « en devenir ».

– Tresmontant pensait que l'athéisme matérialiste allait disparaître avec les sciences modernes et que les scientifiques allaient devenir croyants. Il pensait que la science et ses développements prouvaient de plus en plus l'existence de Dieu. On pourrait en discuter mais il est intéressant de noter l'amplitude de ses réflexions et de découvrir qu'il s'intéressait aussi aux recherches scientifiques. Nous devons constater que les progrès scientifiques importants de ces deux derniers siècles n'ont pas imposés une « évidence » de la foi. Mais cela est-il possible ? Est-ce dans le dessein de Dieu ? La foi n'est-elle pas une proposition à une liberté ? Une évidence scientifique de la foi n'ôterait-elle pas la noblesse de notre amour libre ? Oui, la science nous donne des signes de la pertinence de notre foi. Il y a là, peut-être, sûrement, une intention providentielle mais au-delà de ses signes il faudra toujours à l'homme faire une démarche libre pour adhérer à la foi.

– Le dernier point que je voudrais relever dans cet ouvrage et qui surprendra plus d'un est l'influence de Claude Tresmontant sur le travail des bandes dessinées, comme les *Indices-pensables* de Brunor. L'article de Fabien Revol et la réponse de Brunor méritent vraiment d'être découverts. Il est riche de voir la philosophie investir ainsi le monde de la bande dessinée !

Pour toutes ces raisons, la lecture de cet ouvrage collectif a de quoi passionner les lecteurs de *Résurrection* !

G.H.

1. Titre d'un livre de Yves Tourenne (voir note 1 de la « note liminaire »).

100 ANS AU SERVICE DU CHRISTIANISME SOCIAL, 1923-2023

ACADÉMIE D'ÉDUCATION ET D'ÉTUDES SOCIALES, AVEC CHARLOTTE LE BOUTEILLER-CHAUNU, BIEN COMMUN, ALENÇON, 2024, 330 PAGES.

Les professeurs Yves-Marie Hilaire (1927-2014) et Gérard Cholvy (1932-2017) et tous leurs disciples ont joué un rôle fondamental pour susciter des études sur l'Histoire du christianisme contemporain en France, mais il y a encore des trous noirs… Ainsi, l'Académie d'éducation et d'études sociales, une institution centenaire, est à peu près inconnue des historiens et des catholiques. Charlotte Le Bouteiller-Chaunu s'est vu commander par cette association un résumé de ce qu'avaient été ses « 100 ans au service du christianisme social », puisque l'AEES a vu le jour au milieu des années 1920. Compte tenu de l'immensité du sujet, de la disparition de la plupart des archives et de la dispersion de ce qui reste dans des bibliothèques diverses, son évocation suggestive avec de beaux personnages qui ont été des intellectuels, mais aussi des organisateurs généreux et efficaces, est un tour de force scientifique et un beau monument de piété filiale où elle a mis de sa sensibilité de chrétienne et de femme de notre temps.

Sortons un instant du cadre de cette étude pour rappeler à ceux qui les ignoreraient les débuts dc la doctrine sociale de l'Église. Si on ne remonte pas aux temps des apôtres ou à saint Thomas d'Aquin comme ce serait légitime, il y a deux jeunes officiers français prisonniers des Allemands après la débâcle de 1870. René de La Tour du Pin (1834-1924) et Albert de Mun (1841-1914) se rendent compte que la puissance écrasante de l'Empire allemand tient, entre autres, à une démographie en expansion vigoureuse (alors que la France est en stagnation à peu près complète, notamment après la saignée des guerres napoléoniennes) favorisée par des lois sociales destinées à protéger les ouvriers et leurs familles, avec un système de mutuelles, un dialogue social, des possibilités d'épargne populaire… En France, la Révolution industrielle a laissé le monde ouvrier à l'entière merci du capital, depuis la loi Le Chapelier abolissant les corporations en 1791. Quant au monde paysan, il a perdu le meilleur de ses traditions communautaires dans un contexte juridique individualiste qui gêne toute modernisation…

Rendus à la vie civile, ces officiers continuent à réfléchir de manière méthodique sur les moyens de redresser leur pays, en s'inspirant aussi de ce qu'ils ont vu faire par les catholiques allemands. Ce sont des intellectuels appliquant les méthodes d'enquête sociologique mises au point par Frédéric Le Play (1806-1882), avant d'associer beaucoup de monde (l'Œuvre des cercles) à leurs études et de se lancer dans des initiatives pratiques novatrices, car ce sont également des hommes d'action. Ils sont royalistes et attendent le retour de la monarchie grâce à une Assemblée qui est très majoritairement conservatrice. Mais les divisions entre les différentes tendances de la droite et les hésitations du comte de Chambord, le petit-fils de Charles X, vont faire échouer leur rêve d'une troisième Restauration. Bientôt le Parlement basculera du côté des républicains. Ceux-ci veulent faire revivre les idéaux de la Révolution française, notamment en extirpant du pays l'influence de l'Église catholique. En 1880, la plupart des congrégations religieuses masculines sont interdites, leurs biens sont confisqués, leurs membres doivent s'exiler en Belgique, en Angleterre ou au Canada…

On se rappelle qu'en 1893, le pape Léon XIII, prenant en compte ces évolutions politiques dramatiques, et craignant de voir l'Église marginalisée, proposera aux catholiques français un « ralliement » à la République, dans l'espoir d'une pacification qui ne viendra cependant pas avant très longtemps. René de la Tour du Pin restera fidèle à son monarchisme militant, mais Albert de Mun décidera de tenter loyalement ce que le pape proposait et continuera une carrière de parlementaire respecté. En 1891, le pape avait publié son encyclique sociale *Rerum novarum* qui doit beaucoup aux réflexions de l'Union de Fribourg – elle réunissait des dirigeants catholiques de toute l'Europe dans des colloques réguliers –, et aux succès des chrétiens sociaux français. Elle condamne le socialisme, la lutte des classes, mais aussi les dérives du libéralisme.

Parmi les inspirateurs de cette encyclique, on retiendra la figure du patron chrétien Léon Armel (1829-1915), qui avait su développer des conseils d'usine dans ses filatures champenoises, en appliquant les valeurs de l'Évangile comme son père, mais en s'affranchissant de bien des travers du paternalisme des patrons de son époque. Il fut partisan du Ralliement et s'orienta vers la démocratie chrétienne. Des syndicats chrétiens étaient nés (qui donneront lieu à la fondation de la CFTC en 1919), des cités ouvrières avaient été construites par des patrons soucieux du bonheur, de la santé et de la formation professionnelle de leurs ouvriers. Des mutuelles, des mouvements de jeunesse ou d'éducation populaire étaient en pleine progression dans les villes. Dans les campagnes, de grands propriétaires tentaient aussi de rénover leur mode de gestion et de relation avec les personnes qui dépendaient d'eux. Partout, un très grand nombre de prêtres et de congrégations religieuses féminines essayaient de faire vivre une charité chrétienne ou une solidarité face aux accidents de la vie. Les troupes étaient nombreuses. Mais il y avait, pour les soutenir et les organiser, tout un milieu élitiste qui mêlait aristocrates, industriels, banquiers, professions libérales, universitaires, etc., et où les liens de famille tenaient une place considérable.

Les institutions politiques basculaient du côté gauche, les masses ouvrières étaient peu à peu sensibilisées aux rhétoriques socialistes et bientôt marxistes, mais la droite catholique disposait encore de solides réseaux et surtout du nerf de la guerre, à savoir l'argent et la propriété foncière et industrielle…

Pour ce qui concerne l'institution ecclésiale proprement dite, les républicains s'emploieront avec succès à entamer cette richesse de biens et d'hommes, notamment avec les lois de séparation des Églises et de l'État (1905). Mais l'Église résista longtemps, en reconstituant ce qu'elle pouvait de son influence, en maintenant par exemple ses instituts catholiques (facultés de théologie, mais aussi de droit, d'économie, etc.), en restant longtemps omniprésente dans le monde des hôpitaux, maisons de santé et de retraite, avec ses écoles libres bien sûr. On peine à imaginer ce que pouvait peser la Ligue sociale des acheteurs ou la Ligue patriotique des Françaises : « Fondée en 1902 par la scission de la Ligue des femmes françaises de tendance monarchique, satellite du parti de l'Action libérale populaire [ALP = catholiques ralliés de Jacques Piou et Albert de Mun, 80 députés en 1902], elle compte 1 500 000 adhérents en 1932, c'est la plus importante association féminine de la première moitié du XXe siècle. » (p. 124). Du côté des hommes, on aura, après 1924, la *Fédération nationale catholique* du général de Castelnau, dont le nombre d'adhérents fut tout aussi considérable, avec ses réseaux et ses œuvres innombrables au sein desquels naquirent tant de mouvements d'action catholique, mais c'est une autre histoire.

Celle de l'AEES commence, pourrait-on dire, avec le mariage, en 1894, d'un diplomate français, Edmond Bruwaert (1847-1927) avec l'héritière américaine d'un riche industriel de Chicago, Suzanne Abby King (1848-1928), de confession protestante. À la mort de son père, en 1904, Suzanne hérite de trois millions de francs. « Edmond prend sa retraite en 1911 et l'on retrouve les Bruwaert à Paris ou à Aix-les-Bains [ou à Lausanne]. Edmond et Suzanne n'ont pas eu d'enfants. Ils souhaitent par ailleurs transmettre aux générations futures une empreinte de leurs convictions sur le plan social. » Ce désir s'approfondira après les grands massacres et les grandes destructions de la guerre de 14-18 et il prendra donc la forme d'une Académie d'éducation et d'entraide sociale associant « des savants, des professeurs, des écrivains, sociologues, moralistes, économistes, hygiénistes, d'une part, et de l'autre des chefs d'entreprises industrielles ou commerciales, de grands directeurs d'œuvres, des meneurs d'hommes ». Réflexion de haute volée et action sociale efficace. Les 30 premiers académiciens, répartis par Mgr Baudrillart, recteur de l'Institut catholique de Paris et président de l'AEES, en six sections (morale sociale, hygiène sociale, famille, enseignement et éducation, travail, économie et prévoyance) représentaient la crème du catholicisme social. Le vice-président était Georges Goyau, de l'Académie française, on y retrouvait le père Desbuquois, directeur de l'Action populaire (jésuite), M. Alfred Dumaine, ambassadeur de France, M. le vicomte Louis d'Hendecourt, président général des Conférences de Saint-Vincent-de-Paul, M. Ambroise Rendu, député, dirigeant du syndicalisme agricole, le professeur de droit Eugène Duthoit, président des Semaines sociales de France, le marquis Louis de Voguë, qui sera président de la Confédération internationale de l'agriculture, président de la Compagnie de Suez, régent de la Banque de France, Théodore Laurent, directeur général des Forges et Aciéries de la marine et d'Homécourt, le vicomte Jean-Rémy Chandon-Moët (des champagnes du même nom), etc. L'Académie disposait d'un bras séculier apte à distribuer des aides financières importantes à des actions sociales et culturelles diverses. On avait négocié pour la faire reconnaître d'utilité publique.

Mais en 1924, avec l'arrivée du Cartel des gauches au pouvoir et la reprise des menaces contre l'Église, cela ne put aboutir. On trouva prudent d'abriter l'argent dans une fondation sœur en Suisse. Ce fut une sage décision qui permit d'échapper aux vexations du fisc et aux dévaluations du franc français. Elle ne permit pas cependant d'échapper aux conséquences de la crise boursière de 1929... L'Académie continua d'exister sur un pied moins grand mais avec tout de même beaucoup de dynamisme (ce n'est qu'à partir de 1994 qu'elle renoncera à verser des subventions régulières et l'association sœur suisse sera dissoute en 2022). Entretemps elle aura épousé les heures de gloire et les vicissitudes de l'histoire de France en général et de l'histoire de l'Église en particulier. Avec ses obsessions propres dont celle, par exemple, de faire reconnaître aux familles nombreuses un poids particulier dans les décisions politiques. C'était, à bien des égards, un combat pour faire reconnaître la place des femmes, à qui la guerre de 14-18 avait permis de montrer qu'elles étaient économiquement indispensables, mais que les radicaux-socialistes préféraient renvoyer dans leurs foyers de peur que, sous l'influence du curé, elles ne votent trop à droite. Une méfiance qui ne sera balayée qu'au lendemain de la Seconde Guerre mondiale, par le général de Gaulle, pour qui la doctrine sociale de l'Église était une chose connue et respectée.

Cette étude recense la plupart des thèmes développés dans tant de brochures, congrès et campagnes d'opinion, présente les acteurs et actrices principaux, explique le contexte sans s'appesantir et, sur les périodes les plus récentes, est d'une précision remarquable qui donne tout son relief à une action qui pouvait sembler de second ordre à des témoins peu attentifs… Un travail salutaire, même s'il reste à la surface des choses car on ne couvre pas 100 ans en 330 pages et si les aspects humains trop humains ont disparu avec les témoins, ce qui est à la fois dommage et tant mieux. Reste une doctrine et un exemple. D'ailleurs l'Académie n'a pas dit son dernier mot, loin de là.

F.A.

COMPLÉTEZ VOTRE COLLECTION !

Pour vous permettre de compléter votre collection de *Résurrection*, nous vous indiquons ci-dessous, les thèmes traités dans les numéros précédents. Ces numéros sont à commander au Secrétariat de *Résurrection*, 68, avenue Denfert-Rochereau, 75014 PARIS.

nouvelle série

2	L'adoration eucharistique	**3,00 €**
3	Vision chrétienne de l'Histoire	**3,00 €**
5	Théologie et Cosmologie	**3,80 €**
6	Le martyre	**3,80 €**
13	Châtiment et providence	**4,60 €**
14	La bio-éthique	**4,60 €**
15	L'Esprit Saint	**4,60 €**
17-18	La Révolution française	**9,10 €**
19	La paix et la guerre	**6,80 €**
23-24	Islam et christianisme	**9,90 €**
26	L'éducation	**6,10 €**
27	La liturgie	**6,10 €**
28	Le monde animal	**6,10 €**
29-30	La liberté	**9,90 €**
31	La pauvreté	**6,10 €**
33	La communion des Saints	**6,10 €**
34	La médecine	**6,10 €**
35	La providence	**6,10 €**
36	La prophétie	**6,10 €**
37	Le chrétien, homme de raison	**6,10 €**
38	La justice	**6,10 €**
39	Vérité de Dieu, vérité des religions	**6,10 €**
40	L'interprétation des Écritures	**6,10 €**
41-42	Le Nouveau Monde	**12,20 €**
43	La paternité	**6,10 €**
44	La musique	**6,10 €**
45	Aimer Dieu ?	**6,10 €**
46	Le mal	**6,10 €**
47-48	Mgr Charles, la clef d'un renouveau	**15,20 €**
49	Mgr Charles : textes choisis	**6,10 €**

50	L'école catholique	**6,10 €**
51	Les anges et les démons	**6,10 €**
52-53	Chrétiens, divorcés, remariés ?	**13,70 €**
55	Les évêques	**6,10 €**
57-58	Réinventer l'évangélisation	**13,70 €**
59	Le travail	**6,10 €**
60-61	Les 40 ans de *Résurrection*	**13,70 €**
62	La fin des temps	**6,10 €**
63	Philosophie et théologie	**6,10 €**
64-65	Dieu et les nations	**13,70 €**
66	Révélation et révélations	**7,50 €**
67	Sainteté de Dieu, sainteté des hommes	**7,50 €**
69-70	La littérature au risque de l'Évangile	**13,70 €**
71	L'amour de l'observance	**7,50 €**
72-73	L'Esprit Saint	**13,70 €**
74	Hommage au P. Louis Bouyer	**7,50 €**
75	Miettes bibliques	**7,50 €**
77-78	La psychanalyse	**13,70 €**
79	La vocation et les vocations	**7,50 €**
80-81	L'évolution	**13,70 €**
83	L'apologétique	**6,10 €**
84-85	Les mystères de la vie de Jésus	**12,20 €**
86-87	Jésus, vraiment ressuscité	**7,50 €**
88-89	Un Dieu qui souffre ?	**13,70 €**
90	Le pardon	**7,50 €**
91	La communion eucharistique	**7,50 €**
92-93	Retrouver Denys le Mystique	**13,00 €**
94-95	Homme et femme il les créa	**10,00 €**
96-97	Questions de bioéthique (I)	**13,00 €**
98	Questions de bioéthique (II)	**7,50 €**
99-100	La traduction de la Bible	**13,00 €**
102-103	Guerre et paix (I)	**13,00 €**
104	La nouvelle évangélisation	**7,50 €**
105-106	L'éloquence sacrée	**13,00 €**
107	Des sacrements pour le salut	**7,50 €**
108-109	Guerre et paix (II)	**13,00 €**

110	L'accomplissement des Écritures	**7,50 €**
111-112	Connaître pour aimer	**13,00 €**
113	La papauté	**7,50 €**
114-115	Les origines du christianisme	**13,00 €**
116	La Vierge Marie. Hommage à Jean-Paul II	**7,50 €**
117-118	La descente aux enfers	**13,00 €**
119	Jugés sur l'amour	**7,50 €**
120-121	Les 50 ans de Résurrection	**12,00 €**
122	Une théologie après la modernité ?	**7,50 €**
123-124	L'islam au risque de l'histoire	**13 €**
125	Dieu Père	**8 €**
126-127	L'Ascension	**13 €**
128	Le christianisme au-delà du Jourdain	**8 €**
129-130	Saint Paul, théologie et mission	**15 €**
131	Le vrai visage du Christ	**8 €**
132-133	La doctrine sociale de l'Église	**15 €**
134	Le dimanche	**8 €**
135-136	Évolution et création	**15 €**
137	Le prêtre, signe de contradiction	**8 €**
138-139	L'Office divin	**15 €**
140	Vraie et fausse réforme dans l'Église	**8 €**
141-142	L'enracinement historique des évangiles	**15 €**
143	Guérir les blessures de l'âme ?	**8 €**
144-145	La divinisation	**12 €**
146	Actualité de Mgr Charles	**8 €**
147-148	Foi, croyances et superstitions	**15 €**
149	Esprit Saint : procession et inspiration	**8 €**
150-151	Le retour de la théologie	**15 €**
152	Le prêtre et sa paternité	**8 €**
153-154	La fin des temps	**12 €**
155	Miettes sacramentelles	**8 €**
156-157	Ontologie et histoire : hommage à Benoît XVI	**12 €**
158	Je veux voir Dieu	**8 €**
159-160	La Vérité / La vie consacrée	**15 €**
161	La famille : un chemin de liberté	**12 €**

162-163 La gloire de nos corps **15 €**

164 La miséricorde **8 €**

165-166 La Parole **12 €**

167 Georges Bernanos **8 €**

168-169 Il est né de laVierge Marie **11 €**

170 La confession **8 €**

171-172 Saint Augustin par lui-même **11 €**

173 Mai 68 **8 €**

174-175 Les miracles **11 €**

176-177 L'apologétique **11 €**

178 Le christianisme intégral : prière, théologie, apostolat **8 €**

179-180 Éternité du monde ? Le débat **11 €**

181-182 Le péché originel : mythe ou événement ? **11 €**

183-184 La crainte de Dieu **11 €**

185 Identité **11 €**

186 L'avenir de l'Église **11 €**

187 Les pauvres sont évangélisés **11 €**

188 Benoît XVI **11 €**

SOUTENEZ *RÉSURRECTION*

Abonnez-vous. Faites des abonnés

Bulletin d'abonnement
à retourner à :
Première Partie
67-69 rue de Ménilmontant
75020 Paris

Destinataire : ....

Nom : .... Prénom : ....

Adresse : ....

Code postal : ....
Ville : ....
S'agit-il d'un (1) □ abonnement
□ réabonnement
□ abonnement de parrainage
(dans ce cas, veuillez indiquer vos nom et adresse) :
....

Abonnements :

1 an (4 n°) :		2 ans (8 n°) :	
France	40 €	France	75 €
Etranger	50 €	Etranger	90 €
Soutien	60 €	Soutien	100 €

Je joins mon règlement par chèque bancaire à l'ordre de :
Première Partie

(1) : Cochez la case correspondante.

Achevé d'imprimer en mai 2024
sur les presses de
La Manufacture - Imprimeur – 52200 Langres
Tél. : (33) 325 845 892
N° imprimeur 240364 – Dépôt légal : mai 2024
Imprimé en France